浙江省哲学社会科学规划课题（21NDYD041YB）"利益相关者体的构建"

乡村文化建设的主体性与公共性重构

殷克涛◎著

浙江工商大学出版社
ZHEJIANG GONGSHANG UNIVERSITY PRESS
·杭州·

图书在版编目（CIP）数据

乡村文化建设的主体性与公共性重构 / 殷克涛著.
杭州：浙江工商大学出版社，2024.8. -- ISBN 978-7-
5178-6191-1

Ⅰ．G127

中国国家版本馆 CIP 数据核字第 2024MV2627 号

乡村文化建设的主体性与公共性重构

XIANGCUN WENHUA JIANSHE DE ZHUTI XING YU GONGGONG XING CHONGGOU

殷克涛 著

策划编辑	任晓燕
责任编辑	刘志远　刘　焕
责任校对	林莉燕
封面设计	胡　晨
责任印制	祝希茜
出版发行	浙江工商大学出版社
	（杭州市教工路 198 号　邮政编码 310012）
	（E-mail：zjgsupress@163.com）
	（网址：http://www.zjgsupress.com）
	电话：0571 - 88904980,88831806（传真）
排　　版	杭州朝曦图文设计有限公司
印　　刷	广东虎彩云印刷有限公司绍兴分公司
开　　本	710mm×1000mm　1/16
印　　张	11
字　　数	169 千
版 印 次	2024 年 8 月第 1 版　2024 年 8 月第 1 次印刷
书　　号	ISBN 978-7-5178-6191-1
定　　价	42.00 元

前　言

乡村文化是我们的根性文化。

小时候在田埂肆意奔跑，到邻家蹭饭，和小伙伴们在门前戏耍，都从未有想过要离开那片被费孝通先生描述为"生于斯、死于斯"的地方，也未料到后来我会与那块再熟悉不过的土地相隔千里。

出于看一眼外面世界的渴望，我莽莽撞撞地走出了家门，外出闯荡，从此一别就是多年。内心生了一丝牵绊，体味到了"乡愁"的真正滋味。后来到武汉大学求学，赖恩师善诱，从出版到文化，所知之事多了起来，对小时候的事有了一点点懵懂的思考。但有个问题一直萦绕在心头：什么在背后起作用？事实上，它好像一开始就悄无声息地刻进了我的骨子里，占据了我的身体和思想，但我仍觉得它不只属于我。

来杭州工作后，陆陆续续读了一些社会学读物，从梁漱溟到费孝通，从卢梭到格兰诺维特，以及其后的各种"后乡土学说""中心与边缘"等，感悟甚多，对乡村尤其是乡村文化愈发迷恋了。闲暇之余到浙江各地乡村走访、调研，见到一个个正在发生巨变的乡村聚落，感慨万千，也夹杂着一股失落感。于是，萌生了写点东西的想法。

一查资料便发现难以动手。梁漱溟先生的《乡村建设理论》从组织入手，理问题、讲认知、谈建设，为拯救乡村和国家大声疾呼，令人钦佩；费孝通先生的《乡土中国》则从具体现象提炼概念，他称之为一种尝试，得出了著名的"差序格局"，令人读之似有醍醐灌顶的感觉；王沪宁老师的《当代中国村落家族文化》、折晓叶老师的《村庄的再造：一个超级村庄的变迁》、陆益龙老师的《后乡土中国》，凡此种种，皆博大精深，于人有大益，想效仿却也甚难。读了些，也发现一些问题：乡村作为社会的基础单元，从东边看是这样，从西边看是那样,难办。下乡走走后同样也感到棘手,听到最多的是"现在跟以前不一样了",具体什么"不一样"? 让人困惑。

开窍源于一次下乡调研。浙江作为经济发达的东部省份,其乡村变革的速度要远快于我的家乡。该省乡村生活惬意,惹人羡慕:大片整齐古朴的新农村,拥有专业设计的村落建筑,艺术考究的庭院以及完善的配套设施。那是个假期,有人推荐我到一个未来乡村考察,在和村干部及其朋友的聊天中,有几个外地人引起了我的兴趣。他们下乡帮忙搞乡村建设,因为乡村缺乏他们那样的设计、规划、建设人员。这让我对乡村建设者有了新的认识。这些新型美丽乡村不仅是当地人奋斗的结晶,还得益于很多外来的设计师、务工人员、艺术家和一些下乡干部、乡贤等,他们同样为乡村贡献了大量的知识和资金,是乡村变革的推动者,是新时期乡村的建设者。

它暗示我存在这样一个事实:"不一样"既有时代变迁带来的"不一样",也有主体自我形塑的"不一样";"不一样"还体现在多个方面,是多方因素合力的结果,需要我们敞开视野,跳出单一视域的牢笼,从多个角度综合来看。认识到这以后,渐渐有了一点思路,也有了继续探究的动力。

文化是文明的表现。费孝通先生曾这样描述文化的重要性:"人类依靠文化而得到生存和生活。"换言之,社会的转型发展都需要文化来推动。但文化也存在着生存危机。费孝通在《中国文化的重建》一书中明确指出中华文化面临着严重挑战,黄晶《中文正在缺失》一文敲响了保护中文的警钟。乡村文化是乡土社会的精神体现,是我们的根性文化。从世界范围来看,中国是唯一一个没有断过代的文明。五千多年的传统文化早已扎根乡村,融入了中国人的血脉,成为我们生生不息的精神所在。自党的十六大报告首次明确提出"走中国特色的城镇化道路"以来,我国城市建设发展迅速,社会转型日益加快,出现了一些乡村消亡现象。一些学者开展了大量调研,对乡村村落消亡以及附带的文化流失进行总结,得出了令人痛惜的结果。这进一步引发了学者们的关注和人们对文化流失的焦虑,在全社会产生了保护古村落、保护乡土文化的频频呼声。

沿着学者与社会焦虑的问题前进是开展研究最好的选择。于是,我把视野从单一的"村民"转移到更大范畴的"入乡人",从意象的"乡土"转移到实地的"乡村文化建设",有了新的收获。我借用了弗里曼的"利益相关者"

理论来重新审视乡村主体,把绝对身份换成相对身份,进而验证了相关的猜测,即如果从建设者角度来看,乡村建设者尤其是那些"入乡文化建设者"不应被排除在考量对象之外,他们恰恰是乡村变革的关键。更直观而言,可以把他们看作是乡村发展的变量。思路继续向前,这些"入乡人"提供了什么样的文化体验? 多数研究从文化遗产保护、语言特征解读、文化活动现象描述、文化场景搭建来解释乡村文化及其活动现象,缺乏一个文化场域的视域来重新审视上述现象与活动,尤其是在乡村文旅火热的当下。于是,我把目光锁定在空间上。列斐伏尔的空间生产观早已为世人所熟知,但我并没有完全套用他的理论,原因在于他的空间生产观是用来揭示空间的生产是为了规训的,而我需要关注的是在文化建设中消费是如何起作用的,它又是如何影响乡村文化建设的? 于是,沿着列斐伏尔的道路,我进一步深化了空间的生产,把公共性和文化纳入生产的内容,再结合当下的乡村文化建设,从空间消费的视域出发,深入阐释了乡村空间的文化生产。其中,资本下乡对价值理念的冲击也必然是需要考虑的对象,基层该如何治理、媒体该如何引导、那些利益相关者该如何选择同样被纳入了整个研究范畴中。

遵循上述思路,本书分为了八章。第一章从当前的文化供给入手,引出问题,把"主体性"和"公共性"作为贯穿全文的基础;第二章用弗里曼的"利益相关者"理论对主体进行分析,探究主体间的关系和障碍,自然而然地把"入乡人"都纳入研究视域的考虑范畴;第三章和第四章以列斐伏尔的空间生产论为基础,与其不同的是,把空间生产的另一端空间消费作为创新点引入,关注了过度的空间生产与消费情况以及围绕资本下乡后的理性行为,强调价值理性的主导作用;第五章和第六章围绕媒体、个体、团体作用进行进一步的论述;第七章是从治理角度来看待乡村文化建设,毕竟乡村文化建设活动无论如何都离不开这样一个既定的事实,即它同样是一个管理问题;最后一章简简单单做了一个总结,也谈了自己的一点未来期望。

早在 2013 年 7 月 22 日,习近平总书记在湖北省鄂州市考察农村工作时就指出:"农村绝不能成为荒芜的农村、留守的农村、记忆中的故园。"乡村文化是我们的财富。"乡愁"不能断,乡村不能没有精神内核。赓续乡文脉是我们责任和义务,它需要千千万万有乡土情结的人实实在在地去努力。

本书有些地方的行文可能还存在着瑕疵,有些观点也值得商榷,希望读者抱着包容态度多关注本书的主要内容,关注那个"生于斯、死于斯"的地方。

殷克涛

2022-6-8

目　录

第一章

乡村文化供给模式的反思

一、乡村文化的"主体性"与"公共性"

文化是乡村的灵魂,乡村受文化的滋养。乡村文化是中华民族传统文化的根基与灵魂。作为一个源远流长的文明古国,长期的农耕文明孕育出博大精深的乡村文化,其中蕴含着底蕴深厚的思想观念、人文精神和道德规范,深刻影响着每一位中国人。这种文化观念在时间长河中不断向外扩散,为世界所熟知。纵观历史与文坛,每一位热衷于传统文化研究的学者与专家,都深刻且清晰地认识到乡村文化的重要性,明白其对国家、社会的深远影响,自觉将乡村文化作为中华民族的根性文化来看,坚定地认为乡村文化是中华文明的根源所在。这种文化自觉与自信是在对我国文化、历史以及社会发展长期且深刻的认知基础上所得出的结果。我国著名的社会学家费孝通先生直观地将中国描述成"一个乡土社会",这个乡土社会的基本单位是村落,是一个"面对面的社群",是一个"生于斯死于斯"的地方,也是一个"地方知识体系"成就之所。① 因此,在许多人眼里,"乡土"成为中国典型的

---

① 费孝通.费孝通文集(第5卷)[M].北京:群言出版社,1999:319.

特征与代名词。"乡土性意味着'生于斯、长于斯、死于斯',是一种从'乡'里生发出来、以'土'为基本联结机制的意识形态、行为习惯和社会构成范式。"①这种围绕乡村社会生活、富含"乡土"特征所凝聚成的源远流长的文化就是乡村文化。乡村文化在历史长河中积淀、转化、传承,容纳了许多中华文明流传至今的宝贵精神与思想,其中,有许多值得称赞的精神内涵早已享誉世界,如尊祖尚礼、邻里和睦、勤俭持家、患难相恤都是乡村文化优良价值的体现,无不贯穿在乡村文化赓续的精髓中;讲仁爱、重民本、守诚信、崇正义、尚和合、求大同的儒家精神正被世界各地所认同;"道法自然""天人合一"的老子思想也体现在乡村文化长期秉持的自然观中,同样被人们所津津乐道。在中华文明五千多年的历史长河中,乡村还散落着大量珍贵的文化遗产,如木版年画、剪纸、古琴技艺等,无不让人惊叹。广大的乡村迄今还存有独具特色的古村落、民族村寨、农业遗迹、乡风民俗等,它们凝聚着农民从事农业生产生活的智慧,包含有活态化的民族独特文化特征,至今仍在熏陶着未来一代的乡村精英。在乡土文化滋润深厚的浙江,传统村落尤为众多,犹如一颗颗明珠嵌在中国东部大地。浙江省"千村示范、万村整治"工作协调小组办公室2020年公布的数据显示,浙江省第九批(即2021年度)历史文化(传统)村落保护利用重点村达到43个,一般村达到202个。以浙江省温州市永嘉岩头镇的苍坡村为例。它始建于公元955年,现存的苍坡村是南宋淳熙五年(1178),国师李时日设计的,距今已有八百多年历史。近千年的沧桑风雨,却旧颜未改,笔架山、墨池、砚台、笔街、纸村,整个典雅村落如同文房四宝,静居山水,饱含着浓浓的文化意蕴。

改革开放后,中国的工业化道路取得前所未有的辉煌成就,城镇化率屡攀高峰。2022年国民经济和社会发展统计公报显示,截至2022年底,中国城镇化率达到65.22%,城市数量达到691个,城市建成区面积达到6.4万平方公里,其中,全国共有公共图书馆3303个,总流通72375万人次,文化馆3503个。② 受此影响,中国城市文化的生产与消费同样在迅速扩张,辐射面

①　于水,赵若言.智能革命何以驱动乡村振兴:价值共建、能态激发与社会再组织[J].郑州大学学报(哲学社会科学版),2022,55(02):18-22+126.

②　数据来源于《中华人民共和国2022年国民经济和社会发展统计公报》。

也越来越广,已然成为中华文化新生的一支重要力量。截至 2022 年底,全年全国规模以上文化及相关产业企业营业收入 121805 亿元。然而,长期自给自足、自力更生的乡村文化在社会变革叠加文化生产变革与各种潮流文化的侵袭下却显露出发展危机,在内容、形式、价值、影响上日益出现滑坡现象,在令人心痛的同时,如何助其脱困使其在新时代重放异彩成为当下各界持久热议的话题。梳理相关的文献与报道可以发现,尽管各界对乡村文化建设的研究话题所涉及的面广泛而多样,牵涉的议题涵盖了多个领域,但仍然可以将各种零散的议题聚拢归为一个核心主题,即如何在快速迭代的社会变革中改变乡村文化发展的颓势。这个重要议题是如此深刻与明显,以至于从国家、机构、学者再到普通民众,几乎都在关注它的未来前景。

事实上,这种发展危机并不是突然出现的,而是一直在潜移默化地进行着,在伴随社会前进步伐进行自我革新的同时也展露出了诸多特征:既有社会结构性转变带来的文化结构变化,又有新形态文化交叉融合对传统表现形态产生的更替。梳理相关论著,大抵可以从三个方面来阐释这种危机的表现:一是优秀传统文化的流失问题。以传统村落的消失为例。作为物态文化的传统村落是农村从事生产生活的基本单位,"以其聚族群体性和血缘延续性的特质,紧密地与国家联系在了一起,在维系和巩固国家的稳定、繁荣与发展方面发挥着极其重要的历史作用"[①]。中国村落文化研究中心多年的田野调查结果显示,颇具历史、民族、地域文化和建筑艺术研究价值的传统村落,2004 年总数为 9707 个,至 2010 年仅存 5709 个,平均每年递减 7.3%,每天消亡 1.6 个。2012 年 10 月,中国之声《新闻纵横》报道,中国文联副主席、国务院参事冯骥才指出,相关部门最新的统计数字显示,我国的自然村 10 年前有 360 万个,现在则只剩 270 万个,平均一天时间消失的自然村大概有 80 个到 100 个。伴随大量古村落流失的是浓缩在古村落中的优秀传统文化,这引发了学者的关注与人们对文化流失的焦虑,在全社会产生了对古村落保护的频频呼吁。中南大学胡彬彬教授曾说:"因为城市化,很多传统的村落在急剧消失。这意味着我们很可能在一定程度上失去了对于传

---

① 胡彬彬,邓昶.中国村落的起源与早期发展[J].求索,2019(01):151-160.

统农耕文明的保护。"国家为此紧急出台了一系列举措,鼓励各地加强对传统文化的保护,维护传统文化传承。乡村也自发保护起传统文化,尤其是文化底蕴深厚的乡村开始重新燃起学习传统文化的热潮,带动了对传统文化的保护与传播,但传统文化的流失危机依然没有消除。事实上,随着城镇化道路的持续深入,这种文化流失的危机在逐渐加重。二是传统乡村文化的认同危机。在现代文化的不断冲击下,年轻人越来越崇尚潮流文化、城市文化、西方文化,粗浅地认为传统乡土文化是低阶文化与旧文化,并对乡村文化产生了前所未有的抗拒。据匡卉与郑欣对非遗文化认同的调研显示,"原本作为非遗拥护者的村民,如今也在商业驱使下文化认同感不断消解,由此造成非遗文化在乡村脱域的现象"①。这种现象同样反映在李玉雄与李静对少数民族文化传承的调研上,"但主流文化的冲击带来的文化断层现象仍是明显。老年人对乡村文化的传承'力不从心',年轻人对乡村文化的认识不太清晰"②。传统文化认同的持续弱化是乡村文化建设的真正阻力,它对后代的影响是持续且深远的,是最让人忧心的问题。事实上,我国各级文化机构与文化组织长期在宣扬传统乡村文化,加深人们对乡村文化的认同,鼓励生活在不同地区的人们在生活中接受传统乡村文化、运用传统乡村文化、传播传统乡村文化。但这种文化认同危机在日益现代化的生活方式中遭遇了前所未有的冲击,也深深影响了广大乡村村民对传统文化的态度。总之,传统乡村文化的认同危机是广泛的,影响是深远的。三是文化价值滑坡日趋加剧。乡村文化原初的价值理念,在商业化日益加剧的乡村生活中,受到严重侵袭。一些地方片面追求商业利益,把一些低俗文化搬上舞台,在乡村大肆传播,产生了极其恶劣的影响。这样的例子举不胜举。如今,"文化搭台,经济唱戏"在许多地方比较盛行,以至于在越来越多的乡村新面貌中出现了许多"潮流文化""洋文化"现象,它们抵制原有的文化价值理念,强调要顺应时代发展的需求,大搞吸引眼球之举,鼓励乡民接受一些"西式洋玩意",这实质上严重伤害了传统乡村文化,曲解了传统乡村文化的价值。民族学者

① 匡卉,郑欣.乡村文化建设中的非遗战略及其传播现象[J].中国农村观察,2021(01):40-50.

② 李玉雄,李静.壮族乡村文化振兴的现实境遇与路径选择——基于广西河池市宜州区石别镇的田野调查与思考[J].广西民族研究,2019(04):143-151.

罗兰指出,"在互联网文化的冲击下,传统乡村文化因不符合现代审美、与外来文化难以相容而失去原有关注度"①。陈波与刘彤瑶基于场景理论和空间生产理论搭建了由"地方表达性""符号感知性""融合生产性"3 个主维度和15 个次维度构成的乡村文旅融合价值表达分析框架,结果显示,旅游者的精神体验空间中符号传播渠道不通畅,知识性、怀旧性、互动性和新奇性的符号价值难以彰显,旅游者"互动—知识和新奇体验获取—怀旧情结激发—文化认同唤醒"②的价值感知链条断裂,导致了情感共鸣和文化认同的弱化。这侧面说明了乡村村民对自身的文化价值缺乏深入的理解,并且对外难以采取有效手段表达出乡村文化理应拥有的价值理念,导致乡村文化的价值内涵不被认同、价值理念难以得到宣扬。宋娜对乡村的红色文化调研同样说明了乡村存在着文化弱化危机,没有将文化保护意识延伸到广大人民群众,在开发与利用中较为粗放,更多地突出红色文化的表面价值,而弱化了文化的根本内涵。③ 可以说,乡村文化的危机是深刻的发展危机,而非一些表象问题。

对于如何解决乡村文化发展的危机,所有的关注点都聚焦于两个方面,即"主体性"与"公共性"。现有多数研究的看法是,"主体性"强调要激发乡村文化主体的内生力量,而"公共性"则是强调乡村文化发展要摆脱资本的侵袭与绑架,重回服务乡村本地发展的宗旨。二者都立足于乡村文化发展的根基,着眼于乡村文化的未来发展,维护乡村文化应有的发展空间。但我们不可否认的是,社会发展的脚步早已改变了乡土社会的结构,无论乡村人员构成还是精神面貌都发生了翻天覆地的变化。这种变化不仅深深影响了长期固有的对乡村文化"主体性"与"公共性"所秉持的看法,也产生了实质性的影响。因此,对"主体性"与"公共性"的理解需要超脱原有的理解范畴以适应变化的需求,而且脱离原有的结构体系而简单归因于"主体性"与"公

---

① 罗兰.民族地区乡村文化振兴:现实困境、发展逻辑与优化路径[J].理论月刊,2022(07):75-81.

② 陈波,刘彤瑶.场景理论下乡村文旅融合的价值表达及其强化路径[J].南京社会科学,2022(08):161-168.

③ 宋娜.文化自信视域下红色文化推动乡村文化振兴的价值研究[J].农业经济,2022(08):67-68.

共性"显然并不能解决问题。难怪李河研究员将乡村文化的"主体性"视为乡村百年以来面临的最严峻挑战。①

（一）乡村文化的"主体性"

严格意义上，"主体性"是一个哲学概念。在哲学上，"主体性也就是主体所潜在地具有并且能够发挥出来的属性""主体性不仅仅体现为主观能动性，它同时还包含着受动性与为我性"②，"主体性就是从事具体现实活动的人所具有的根本特性"③。可以说，主体是以人为出发点的，强调人的主导地位。在越来越多的实践中和乡村社会学的研究中，"主体性"被迫与绝对身份信息挂钩，并以绝对身份为主体基础，在实践中展现出这种受限制的主体的主观能动性，并将其与"被动性"相对，而"受动性""为我性"则被远远地抛弃。因此，魏小萍也说，"这一概念在认识论领域和其他社会科学领域就具有极为不同的内容"，"主体性不能被简单地视为主观能动性，如果忽视了它还有客观实在性的一面，那么我们就很容易把它与萨特的主观自由划等号"④。事实上，这种对概念的粗暴挂钩方式同样体现在"农民"这一概念上。"农民"这个包含身份与职业的概念长期与户籍地挂钩，它直接将许多愿意从事农业活动的非农村居民排除在外，实质上制造了一种认知的区隔，既是身份认同的区隔，也是发展理念的区隔。正因为这一点，国家先后提出了"新型职业农民""农创客""新农人"来替代它，目的是打破已有的认知区隔，聚集更多的主体为乡村谋划新的发展。但我们无法否认，依然有许多观点局限于"主体性"的偏见视野，不愿迎接新的变革。对于"主体性"的认知偏差导致许多强调乡村文化主体的研究忽视了其他二者的特性，仅关注主体的能动性，并强调身份归属性，它很容易得出片面的结论，从而误导大家。换言之，对"主体性"的认知与利用需要依据具体的实践语境，并把握好"主

① 刘姝曼.坚定文化自信　重建乡村主体性——《中国乡村文化建设发展报告（2018—2021）》项目启动暨撰稿人会议综述[J].哲学动态,2021(03):118-121.

② 魏小萍."主体性"涵义辨析[J].哲学研究,1998(02):22-28.

③ 和学新.主体性的内涵、结构及其存在形态与主体性教育[J].西南师范大学学报（人文社会科学版）,2005(01):65-71.

④ 魏小萍."主体性"涵义辨析[J].哲学研究,1998(02):22-28.

体性"的具体特性及其结构。在法律层面，涉及个体或组织的行为判断，"主体性"与身份的关联的确能够辨识主体，使其成为一种可靠的依据，但在另一种场域内，我们可能需要关注主体的"自主性""自为性""自立性"等"为我性"的内容。这需要我们跳出已有的场域思维，持理性、发展的眼光重新审视我们的认知基础。

乡村文化振兴离不开"主体性"。中央民族大学民族学与社会学学院院长麻国庆早已明确指出这一点，且获得了普遍的认可。[①] 但"主体性"不仅仅是一个事关总体的代表性词汇，其蕴含的深刻内容也值得我们去关注。从梳理现有的研究来看，学者们对乡村文化建设的"主体性"研究主要集中在以下两个方面。

一是"主体性"的认知。从主体结构来看，对"主体性"的认知主要体现在群体的划分与识别上，其往往以群体的贡献力度作为衡量依据，并以此满足"主体性"的要求。例如，辛逸与赵月枝把研究目光聚焦于乡村女性在乡村春晚中的主体作用，借助对浙江乡村春晚的研究，勾画出乡村女性在乡村文化生产与传播中的重要作用，借此着重强调乡村女性作为主体的文化"创造性转型"能力。[②] 也有学者强调以"集体"作为主体单位。李河研究员认为，乡村"主体性"是官政和自治结合的体系，要放在"家乡"这一根系性的社会形态中进行阐释，而"家"可被解读为亲属血缘共同体，"乡"是邻里熟人共同体。[③] 多元化同样是一个主体群体识别的另一个选项，其从侧面来彰显群体的"主体性"。张晓溪从场域理论出发，将乡村看作是一个独特的文化场域，"在乡村文化场域空间里，存在多元主体需求，它包括国家宏观政策上城乡协调发展的落实需求，乡村亟待全面发展的需求，以及多元社会主体交融参与的需求"[④]。然而这种主体结构在社会环境作用下同样存在着无固定方

---

① 麻国庆.乡村振兴中文化主体性的多重面向[J].求索,2019(02):4-12.

② 辛逸,赵月枝.乡村春晚、女性主体性与社会主义乡村文化——以浙江省缙云县壶镇为例[J].妇女研究论丛,2019(02):17-29.

③ 刘姝曼.坚定文化自信　重建乡村主体性——《中国乡村文化建设发展报告（2018—2021）》项目启动暨撰稿人会议综述[J].哲学动态,2021(03):118-121.

④ 张晓溪.乡村文化新内生发展路径的实践探索——基于主体性身体技术视角的社会学分析[J].贵州社会科学,2022(05):150-157.

式的变动,使群体的认知容易产生偏移。"主体性"的群体结构认知出现较大的偏差,主要原因在于群体的流动性和身份的易变性。以乡贤为例。我们身边常常存在这样一群人,他们年轻时候在乡村成长,自小接受乡村文化的熏陶,成年后离开熟悉的乡村外出闯荡,搬到城镇定居,但他们与乡村的文化勾连、社会勾连并没有中断,日常行为里还遵循着许多传统的习性,与乡村各种活动存在着一定交集,尤其是当下他们又以乡贤的身份参与乡村文化建设,为乡村文化建设贡献自己的力量。

二是主体价值观的塑造。当前,我们在"主体性特征"认知中取得很高的认知水平,这既体现在政策上,也体现在乡村的日常管理上。目前,我们对乡村文化建设者的"主体性特征"的关注主要集中在文化的认知上,强调主体对自身文化的认知水平与责任担当,它是"主体性"的自我体现,更是能动性的源泉与起点。费孝通先生在晚年提出了文化自觉:"生活在既定文化中的人对其文化有'自知之明',从而就能做到'各美其美,美人之美,美美与共,天下大同'。"明确指出文化自觉的目的不是别的,而是"文化主体性",即对现代化的"自主的适应"。① 习近平总书记在"七一"重要讲话中,继党的十八大提出道路自信、理论自信、制度自信"三个自信"之后,将文化自信提升为中国特色社会主义的"第四个自信"②。这是我们党理论创新提出的面向全球化新时代的一个新的重大命题。在中国特色社会主义建设的新时期,习近平总书记的文化自信观为"主体性"的理解提供准确的引导,它建立在马克思主义中国化的实践基础之上,与中国共产党的文化建设思想一脉相承,是中国特色社会主义先进文化建设的重要组成部分。③ 麻国庆则从记忆、景观、文化遗产、社会结构和文化生态区五个层面出发,认为"主体性"的特征是一个复杂的综合体,社会的各种特征也最终反映到个体身上,体现在"主体性"上。④ 这表明,作为文化建设的核心因素,"主体性"还有许多有待开发的地方,值得我们进一步探索。这一点,从中央民族大学民族学与社会

---

① 费孝通.费孝通文集(第14卷)[M].北京:群言出版社,1999:166.

② 习近平.在庆祝中国共产党成立95周年大会上的讲话(2016年7月1日)[N].人民日报,2016-07-02(2).

③ 赵付科,孙道壮.习近平文化自信观论析[J].社会主义研究,2016(05):9-15.

④ 麻国庆.乡村振兴中文化主体性的多重面向[J].求索,2019(02):4-12.

学学院王建民教授的观点中能获得最直观的感受："无论是文化类型学的理论探索，还是乡村建设的实践历程，文化主体性始终是最容易被忽视的环节。"①

事实上，当我们把视野从乡村转移到整个社会的主体结构来看时，对乡村文化"主体性"的理解的确还有更可取的空间。有一点我们不可否认，当下乡村文化建设的主体认知还处在片面地强调本地村民阶段，它忽视了与乡村有关联的各种社会力量，而这种力量往往是促使乡村发生突变的关键因素。事实上，梁漱溟也指出："乡村问题的解决，天然要靠乡村人为主力……但单是乡村人解决不了乡村问题。"②更进一步来说，随着国家全面推动乡村振兴战略，大量外部精英人才会接踵涌入乡村，乡村会出现越来越多的乡村创业者。他们往往借助新的技术手段打破传统，利用资本撬开乡村商业大门，打通乡村产业渠道，在乡村闯出一条新路。他们在振兴乡村经济的同时，也会利用自身的知识与经验来繁荣乡村文化，成为名副其实的乡村文化建设者，为乡村文化发展带来新的气象。例如，在浙江雅湖村，村里请了一位退休的传统书画家来村定居，其不求回报地为乡村青少年教授书法，让传统书画技能在乡村得以延续。这位凭着一腔热血积极贡献自身知识的外部利益相关者，从乡村文化建设的角度来看，其进入乡村的奉献动机，显然比那些脱离了村庄的本地人要强烈得多。此外，大量的此类研究还存在着一定的局限性，尤其是各类乡村主体的文化权益长期被忽视，而主体在文化生产与消费过程中所具有的各种属性，尤其是文化发展的动力同样较少地被关注到，而它们恰恰是乡村文化得以传播的关键。对这些关键信息的忽视同样会让我们对"主体性"的认知产生严重的偏差，但正是因为这些认知误区与偏差的存在，使我们更加坚信，乡村文化的"主体性"有更大的拓展空间。

繁荣乡村文化必须要搞清楚乡村文化建设者的"文化主体性"，也就是要深入理解主体在文化生产与消费上所呈现出的各种特征，不能一概而论。

---

① 刘姝曼.坚定文化自信　重建乡村主体性——《中国乡村文化建设发展报告（2018—2021）》项目启动暨撰稿人会议综述[J].哲学动态,2021(03):118-121.
② 梁漱溟.乡村建设理论[M].上海:上海人民出版社,2011:49+188.

我们可以借助其他视角,摆脱现有研究思路的囚笼,跳出已有概念的范畴局限来重新看待"文化主体性"。这样会产生令人意想不到的效果。因此,本书在第二章将单独从利益相关者视域来看待乡村文化建设的各类主体,把关注的焦点从一个泛主题性的视野拉入一个较窄的带有属性的视域中,以利益作为群体的属性来探讨各类主体及其行为。

(二)乡村文化的"公共性"

公共是共同的取用与占有。《汉语大辞典》对"公共"的解释为:"公有的,公用的,公众的,共同的。"对"公共性"的探究,历史上的著名学者数之不尽,如柏拉图、亚里士多德所强调的城邦正义精神,卢梭、密尔、边沁等强调的公共契约精神都是以突出社会公众来体现公共性。从起源上看,"公共更多地意指社会层面的非个体性"[①],它是一个建立在社会公私二元对立基础之上的社会性概念,突出了公共性的非排他性特征。从社会学的角度来看,公共性被看作是一种工具或手段,是为了推行或制止实施某项活动而采取的一种工具。事实上,运用最多的是政府活动,各项政策举措就是依据公共性原则来推行的,因此,公共性可以看作是政府存在的合理依据。"政府产生、存在是为了公共利益、公共目标、公共服务以及创造具有公益精神的意识形态等。"[②]公共性同样还是一种价值评判标识,用以阐释个体行为与集体行为的合理性,并指导他们的行为方式。因此,公共性通常与公平正义联系在一起,借助公共性的程度来评判公平正义。公共性的获得或供给并不总是完全满足所有人的需要,原因在于公共性并不等于使用性,而且公共资源是有限的,再加上出于个体利益或少数利益对公共资源进行占有的各种"圈地运动"一直存在,因此,公共性是相对的公共性。换言之,公共性一直存在着局限。此外,对公共资源的占有需要一定的成本,包括时间成本、资本成本、劳动成本等,反映公共性存在着接近成本与使用成本,难以实现真正的

---

① 王乐夫,陈干全.公共性:公共管理研究的基础与核心[J].社会科学,2003(04):67-74.

② 祝灵君,聂进.公共性与自利性:一种政府分析视角的再思考[J].社会科学研究,2002(02):7-11.

全员享受。即使是竭力维护公共性的政府，同样存在着显著的自利性，"政府并非总是为着公共目的而存在，政府在公共目的的背后隐藏着对自身利益的追求"①。杰弗里·托马斯也说，公共是"一个抽象的空洞。是一切，又什么都不是"②。一言以蔽之，公共性是有限的公共性。

正因为公共性是有限的，对公共性的获取存在着一定的成本，因此，公共性时常被纳入商业范畴，存在着与商品交易类似的利益交换。在许多国家，政府通过改善公共设施，提高便利性与服务水平，让私营企业获准进入公共领域，从而将公共性与商业捆绑在一起，逐步削弱了公共性。我们经常会看到这样一种现象：一个儿时自由出入的海滩，被资本改造成为一个度假胜地之后，公共场地也变成集团的私营地，原有的公共性被高高的围墙阻隔在外，不仅接近性受到严重压缩，而且人为设置了许多阻碍，增加了难以逾越的障碍。公共性还意味着存在普及性的大众消费，因此，公共性具有庞大的市场，往往成为大型利益集团觊觎的对象。为了防止公共性成为牟取暴利的工具，政府会出台许多政策保障公共性，或者采取一种最直接的方式——政府供给模式。

文化是一种社会共识。联合国教科文组织曾在 1982 年墨西哥城召开的文化政策世界会议上对文化做如下界定："今天，应该认为文化是一套体系，涵盖精神、物质、知识和情感特征，使一个社会或社群得以自我认同。文化不单包括文学和艺术，也包括生活方式、基本人权观念、价值观体系、传统与信仰。"③从上述界定来看，文化是社会群体共识的结晶，其所囊括的各项内容都涉及社会群体的形成与发展。这与《礼记·礼运》中的"大道之行也，天下为公"有共通之处。但文化的接近性依赖于文化产品的供给，它需要通过出版、教育以及相应的行为指导来实现。当公共文化供给不均衡，文化接近性的难度偏高，文化作为一种应有的公共性难以达到理想的公平，即赋予每

---

①　祝灵君，聂进.公共性与自利性：一种政府分析视角的再思考[J].社会科学研究,2002(02):7-11.

②　袁祖社."公共性"的价值信念及其文化理想[J].中国人民大学学报,2007(01):78-84.

③　任珺.文化的公共性与新兴城市文化治理机制探讨[J].福建论坛(人文社会科学版),2015(02):74-79.

一个人足够的知识。因此,从某种公平性而言,文化的公共性存在着隐性的阻碍因子。与此同时,文化同样是商品,受资本的青睐与裹挟。资本利用资金拉动技术、整合资源,推动文化的生产与消费。但文化不断上涨的生产成本也会使资本在丧失利益情况下退出文化生产环节,导致文化消费出现缺口。因此,承担着文化传承责任的政府机构与公益组织,在基础文化供给上起着重要作用,利用转移支付支撑着文化传承,确保人人能够享受基本的文化供给。

乡村公共文化反映了乡村村民的生活方式、对乡土社会的理解、文化长期熏陶的价值观念以及日常生活秉持的信念等。乡村公共文化包含有物态文化、行为文化、制度文化、精神文化等多种文化形态,浓缩在乡村社会的日常行为中,物化在乡村的各种建筑中,表现在乡村的乡约民规中,跟村民的日常生活息息相关,属于乡村共同的文化。正因为与村民的生活密切相关,因此,乡村文化展现出了一定的地域特色,在长期的世代传承中保持了为与自然共生而塑造的文化特色,形成了乡村特有的文化底色,并在村民间产生了一些通俗约定行为方式。如邱国珍的《浙江畲族史》中就记录有浙江畲民古老的婚礼——行嫁:

> 畲族古老婚礼,新郎须在婚礼前三天往新娘家迎接新娘。新娘穿草鞋行嫁(即步行),穿的草鞋须新娘父母聘请父母双全的男子代做,草鞋四耳缚一个古铜钱,古铜钱在路上随它丢失,最好不带到夫家。清代,畲民分迁各地与汉民杂居,受汉文化影响,由行嫁改坐轿(20世纪60年代后坐轿的逐渐减少)。为保留民族特色,轿的构造、打扮与他族不同,并有一套轿的礼节和对歌唱词。多数县新娘轿的轿架、坐垫、轿棚、轿杠全用畲乡盛产的毛竹制造,称靠椅轿。扮新娘轿要在轿背后悬挂竹制米筛,米筛上装一面镜、三枚箭、一把剪刀、一杆尺,意为防止妖魔鬼怪随轿伤害人。轿棚盖一条蓝布夹被单,轿门两侧挂两盏红灯笼,还挂一块红布和一块约二尺长畲民特有的围裙。轿抬到新娘家,要停大门外嫁方准备的脚盆上,待嫁方晚间嫁女酒宴后才取去脚盆。①

---

① 邱国珍.浙江畲族史[M].杭州:杭州出版社,2010:190.

不可否认,乡村文化的生产与消费同样受商业的影响,尽管受影响的程度比城市文化受商业的影响要小得多。受现代文化的影响,上述行嫁方式在畲族早已不再盛行,现代婚礼方式成为越来越多畲族人的选择,但在浙江畲族聚居地,人们开始把婚礼转化为一种表演形式,供外来的游客欣赏。

(三)面临的挑战

主体性与公共性都面临着外部环境变革带来的挑战。尽管自然环境的变化会产生巨大的影响,但尤为关键的是社会环境的变化。其中,最为重要的是国家发展重心的变化带动资源的转移,会给乡村文化建设的主体性和公共性带来巨大的挑战。正如前文所言,我国在城镇化道路上取得了傲人的成绩,国家的发展步入快车道,与此同时,乡村命运产生了根本性的改变,乡村文化被卷入其中,遭遇了前所未有的危机。受内生动力持续萎缩、外部吸纳能力严重匮乏、公共投入长期不足等多重不利因素的影响,乡村文化的荒漠化现象日益加剧,已成为钳制乡村振兴的主要因素。乡村文化建设面临严重的挑战,在主体性与公共性上存在着长期缺位的状况。

首先,乡村文化建设人才严重缺乏,出现了主体断代现象。改革开放以来,国家的城镇化率不断提高,城乡结构比率发生了颠覆性转变。据住房和城乡建设部的统计,2021年,我国常住人口城镇化率达到64.72%,创下了前所未有的新高,而在2000年这一数据仅为36.2%。城镇化吸引了大量的流动人员,导致乡村大量的精英外流,许多乡村空心化严重,极大地削弱乡村文化的主体结构,导致乡村文化在传承主体上产生了断代现象。同时,现代化的科技变革极大地改变了媒体的传播方式。乡村文化的现代传播方式囿于对现代工具的掌握,难以有效提供高水平的文化形式来熏陶主体,而现代文化、西方文化、潮流文化等外来文化趁机侵入乡村,挤占乡村文化的发展空间,诱导乡村村民接受外来文化,导致原本传承本地文化的乡村村民日益显露出对现代文化、城市文化、西方文化的融入趋向。承担传统乡村文化生产与传播的主体规模不断萎缩,乡村文化建设人才日益短缺,已然成为乡村文化振兴面临的最大障碍。

其次,"文化搭台,经济唱戏"让公共性面临着消解。随着旅游业逐步下沉,乡村文旅火出了圈,人们热衷于下乡体验乡村惬意的"慢生活"。农业农村部 2021 年印发的《关于拓展农业多种功能 促进乡村产业高质量发展的指导意见》提出,到 2025 年,我国乡村休闲旅游年接待游客将达 40 亿人次,年营业收入 1.2 万亿元,培育 1500 个美丽宜人、业兴人和的美丽休闲乡村,推介 1000 条运营成熟、体验美好的乡村休闲旅游精品景点线路。① 乡村文旅的发展推动越来越多的乡村开展旅游业,吸引外来游客。但在许多地方,出现了过度商业化的景象,在一些地区"文化搭台,经济唱戏"已成为惯常的做法。吴理财认为当下的乡村文化正面临着"公共性消解"加剧场景,"所有的农村文化之变几乎都是围绕着公共性的消解这条逻辑主线展开的:农民对自己的社区认同日益弱化,农村的公共文化生活日渐衰微,村庄的公共舆论日趋瓦解,农民之间的互助合作精神逐渐消解,那个曾经是农民生活的家园——村社共同体也处在解体之中"②。这种"文化搭台,经济唱戏"实质损耗了乡村仅有的文化资源,并未为乡村文化发展带来实质效果,相反,它会极大地弱化乡村文化的传播,让乡村文化建设变成迎合城镇游客的工具。

再次,乡村文化人才培育与文化资源管理显现出巨大的漏洞。乡村文化建设不仅需要大量的精英人才为其提供源源不断的动力,还需要有长期系统的培育机制来实现文化传承的接替。但是,乡村的人才培育长期集中在职业培育领域,强调技能培育,而且这种培育多数是服务城镇发展需要的技能培训,缺乏针对乡村文化建设的专项培育。更进一步而言,文化的培育难度显然超过技能培育,它需要从政府层面集中资源来统筹,而不是简单地归为乡村文化的自我建设与自我管理,或简单地将其与乡村的基础教育等同起来。它应是建立在对本地乡村文化科学分析的基础上有针对性地培育,且涉及各类群体。与此同时,乡村文化资源的管理长期被管理机构所漠视。尽管人们都认识到乡村文化是中华文化的根,但从利益的角度出发,鉴于其公共性的作用,乡村文化资源的管理却是一个低利工作,不仅需要物质与资本的投入,还需要管理者有一种奉献精神来支撑这种个人回报极低的

① 数据来源:农业农村部 2021 年发布的《关于拓展农业多种功能 促进乡村产业高质量发展的指导意见》。

② 吴理财. 乡村文化"公共性消解"加剧[J]. 人民论坛,2012(10):64-65.

工作。尽管国家从战略层面出发搭建了国家级文化公共工程来解决全国乡村文化资源管理问题,但这种国家级系统对应的对象是重点类型的文化管理工作,集中在文献的阅读、影视与演出的观看上,它不能解决所有的乡村文化建设问题。作为最底层的乡村文化建设,其资源收集、整理、加工需要调动大量的人力、物力,同时还需要对本地文化熟悉的人员长期持续地工作才能做到,这实际上需要极强的管理技巧与手段,而非我们日常所见的流程式管理模式。此外,随着数字加工技术的日趋复杂,在乡村文化建设上,人们开始频繁运用多种手段尤其是数字技术以期获得更佳的效果,这同样给管理带来难题。总之,管理日益成为乡村文化建设面临的一种挑战。

二、三种文化供给模式

(一)政府普惠式的文化供给

为了保障乡村的基本文化消费需求,政府为乡村提供了基础性文化保障体系,并出于意识形态的需要在主流文化建设中承担了重要的供给功能。当前,政府普惠式供给主要体现在在乡村搭建起大量的村文化室、文化广场、农家书屋、乡村文明实践站以及特色公共文化场所。其中,村文化室是国务院于 2005 年出台的《关于推进社会主义新农村建设的若干意见》文件中明确推进的公共文化设施;农家书屋是政府公共文化体系为乡村搭建的典型代表,承担着类似公共图书馆的职能;乡村文明实践站则是乡村宣扬主流文化的场地,为组织学习提供场域;特色公共文化场所是各省自主发展出的乡村文化形式,例如浙江的农村文化礼堂、云南的乡愁记忆馆等,都已成为各地乡村文化精神的新地标。

以"农家书屋"为例。"农家书屋"是中央宏观谋划的事关农村公共文化服务体系建设的重要工程。它缘起于 2006 年 9 月中央"两办"发布的《国家"十一五"时期文化发展规划纲要》。依据国家"十一五"时期战略规划纲要,依照"政府资助建设,鼓励社会捐助,农民自我管理,市场运作发展"的总体要求,支持农民群众开办农家书屋。截至 2020 年底,全国共有农家书屋58.7 万家,基本覆盖有条件的行政村,累计配送图书超 12 亿册,农民人均图书拥有量从 0.13 册增加到 2.17 册。经过十几年的发展,这种普惠式的乡村文化工程为广大农村地区提供了丰富的图书资源,极大地满足了农民群众的文化需求,迅速地缩小了我国城乡居民之间的文化鸿沟。但我们也要看到,受政府资金、成本、人才等多重局限,农家书屋在振兴乡村文化过程中存在着数字化水平与覆盖率不高、人才缺乏、图书资源更新未能对接农民用户文化需求等问题。① 为了解决这一难题,推动农家书屋与省市公共图书馆共同融合发展②,或吸引社会力量参与打造"乡村图书馆+"合作模式③,已成为当下的共识。

政府普惠式文化供给是政府保障基础性的文化消费举措,是统一由中央统筹、地方配合的策略,并设置有专项资金管理制度保障建设。例如,农家书屋就设计有"农家书屋工程专项资金",专门为各地发展农家书屋提供资金支持。原新闻出版总署于 2008 年出台的《农家书屋工程专项资金管理暂行办法》明确规定,专项资金是由中央财政安排的,用于支持新闻出版行政部门组织实施的农家书屋工程的补助经费。专项资金的年度预算根据农家书屋工程总体规划、年度工作计划及国家财力情况核定。中央财政按照每个农家书屋 2 万元的配置标准,分别给予中部地区 50%、西部地区 80%的补助资金,其余部分由地方财政部门统筹安排解决。中央的专项基金极大地提升了乡村文化资源水平与能力,为乡村文化建设奠定了一定基础。但我们也看到,政府要负担庞大的基础开支,分摊到各个乡村可能并不多。因此,有限的政府资助使乡村并不能像城市那样构建大型文化服务设施,且当地文化消费的总量难以匹敌城市文化消费水平,这注定了乡村文化供给模式是小批量、针对性供给,在多样性上肯定无法跟上城市文化设施的步伐。

---

① 许昊飞,马衍明.乡村振兴背景下农家书屋助力乡村文化发展研究[J].图书馆工作与研究,2022(01):122-128.

② 向宏华.乡村振兴背景下公共图书馆与农家书屋融合发展研究[J].图书馆工作与研究,2022(09):97-103+112.

③ 王雄青,胡长生.社会力量参与"乡村图书馆+"合作模式高质量发展现实理路[J].图书馆理论与实践,2022(04):46-52.

人才问题同样是政府普惠式供给面临的困境因素之一。城镇化导致乡村精英外流严重,乡村缺乏文化类人才来对接此类服务,尤其是要为乡村谋划适应时代发展的新内容。此外,地域文化差异导致各地村民在文化需求上展现出诸多不一致的地方,政府的供给资源很难依据各地的具体需求情况有差异地推行,导致资源供给与需求的匹配存在着许多不一致,这也会影响农家书屋在乡村的使用。

(二)个体与团体的贡献

依赖个体与团体的贡献是乡村文化建设最为传统的方式,至今仍存在着大量的个体与团体为乡村文化建设提供支持。乡贤是其中的典型代表。"乡贤"被誉为"乡里中德行高尚的人""在地的贤达"。明代汪循认为,"古之生于斯之有功德于民者也,是之谓乡贤"①。乡贤"既是封建农耕文化的一种产物,也是生于斯长于斯的一个乡村精英群体"②。在中国传统的乡土社会里,乡贤文化就是乡村精英文化的代表,是乡村实现自我治理的一种有效方式。因此,过去有"皇权不下县"的说法。为表彰乡贤,以"正风表俗",很多乡村存在着祭祀乡贤与书写乡贤的传统。乡贤对乡风有着重要的塑造功能。如吕大钧为家乡蓝田制定了《吕氏乡约》,使邻里乡人能遵循"德业相劝,过失相规,礼俗相交,患难相恤"的约规。2016年,全国两会发布了《"十三五"规划纲要(草案)》,明确提出要"培育文明乡风、优良家风、新乡贤文化",新乡贤成为乡村文化建设重要贡献者。应小丽对浙江省绍兴地区的新乡贤工作调研发现,新乡贤在建言献策、引资聚才、反哺桑梓、调解纠纷、志愿服务、乡风涵育上发挥出了巨大的作用。③尽管国家积极鼓励新乡贤回归乡村为乡村谋发展,但新乡贤入乡迄今仍面临着诸多困境,尤其是地方对其在身份认定、职能范畴、责任担负、利益分配上缺乏明确的约束和规定,极大

---

① 季中扬,师慧.新乡贤文化建设中的传承与创新[J].江苏社会科学,2018(01):181-186.

② 李宁.乡贤文化和精英治理在现代乡村社会权威和秩序重构中的作用[J].学术界,2017(11):74-81+325-326.

③ 应小丽.乡村振兴中新乡贤的培育及其整合效应——以浙江省绍兴地区为例[J].探索,2019(02):118-125.

地限制了乡贤效能的发挥。

社会组织对乡村文化建设的贡献不容小觑。当下,越来越多的高校机构、科研院所、公益组织等团体下乡帮扶乡村文化振兴,挽救了许多日益凋零的乡村文化。特别是一些艺术团体的艺术乡建、社会团体的非遗保护、技艺人员的古建筑恢复、文化工作者的文化扶贫等努力,让乡村文化重新焕发生机。江苏省宜兴市丁蜀镇的民间紫砂艺人自筹资金、自组团队实施"振兴乡村经济紫砂导师团"公益项目,选拔优秀技艺和文化人才组建"导师团",在宜兴紫砂特色村建立培训基地,有计划地对丁蜀镇周边 20 多个行政村数万名村民分批次进行系统培训,全面提升乡村紫砂从业者的专业技能和文化素养,促进宜兴紫砂高质量发展,助力推动乡村振兴。[①] 但公益组织在乡村开展文化活动同样面临着各类问题,如权益问题、资源调度问题、服务机构问题等,乡村对其工作的信任度并不高,主要原因在于其非固定式、非长期的支援模式,变动较大,支援项目往往是特定项目,导致当地对其活动的执行力产生了怀疑。

(三)资本下乡的文化产业

近年来,乡村文旅已经成为我国文旅行业中发展最快、潜力最大、带动性最强、受益面最广的领域,来乡村旅游的人数和乡村旅游收入年均增幅明显。2018 年 11 月,文化和旅游部等部门联合印发《关于促进乡村旅游可持续发展的指导意见》,积极鼓励企业进入乡村开发乡村文化资源的经济价值。2022 年 4 月,发布了《关于推动文化产业赋能乡村振兴的意见》,要求建立有效机制,调动企业、社会组织、高等学校、文化工作者等各方力量广泛参与。我国广泛掀起了乡村休闲旅游活动,乡村休闲旅游接待人次快速增加。国家统计局的数据显示,2020 年全国农林牧渔业休闲观光与农业农村管理服务实现增加值 6213 亿元。庞大的市场吸引了大量资本的进入,一些企业抓住机会与乡村合作开发乡村文旅产品,挖掘乡村文旅的商业价值。但在某些乡村文旅发展中,出现了一些急功近利、急于求成的现象。有的地方盲

---

① 钱江涵,谢强. 紫砂非遗公益项目赋能乡村振兴的路径初探[J].陶瓷研究,2021,36(03):93-96.

目大拆大建、破坏传统建筑风貌,有的地方机械化照搬、低水平复制城市文化模式,引发了普遍的担心与忧虑。

为繁荣乡村文化,借助文化建设赋能乡村振兴,国家自 2005 年起出台了一系列政策,不仅要求地方政府建立稳定的农村文化投入保障机制,完善农村公共文化服务体系,还将"充分调动社会各方面力量参与农村文化建设"列为国家农村文化建设的指导思想。[①] 国家从战略层面聚集社会力量振兴乡村文化,引导社会资本与社会资源向广大农村地区倾斜,反映了政府对乡村文化建设的开放态度与繁荣乡村文化的坚定决心,改变了乡村文化建设长期滞后的颓势,逐步改善了乡村文化荒漠化的现象,从而探索出一条适合本国国情发展的中国特色社会主义乡村文化建设道路。

三、当前的政策与方案

(一)政策视域下的乡村文化

"三农"问题一直是中国政府各项议程的首要问题。自 2004 年起,每年年初公布的中央 1 号文件是国家为解决"三农"问题提供的顶层规划和战略指引,已形成了年度式的发布机制,凸显出政府对"三农"问题的重视程度。"农村文化建设"是"三农"问题中的一个重要议题板块,经常出现在相应的文件中,包含国家对乡村文化建设的各种倡议与规定。通过梳理历年中央 1 号文件,透过政策分析,我们可以窥探出我国乡村文化建设的发展图景与演进历程,了解我国乡村文化建设发展现状以及未来的发展重点。

从历年的中央 1 号文件来看,国家"三农"政策的发布集中在两个阶段:一是改革开放初期的 1982—1986 年,二是自 2004 年至今。在第一个阶段的 5 个中央 1 号文件中,"文化"共出现 11 次,"文明"共出现 14 次,"教育"则多达 43 次,显示出国家在乡村文化政策上总体侧重于文化的意识形态属性和

---

① 2005 年,中共中央办公厅、国务院办公厅发布的《关于进一步加强农村文化建设的意见》第 3 条。

道德教化功能,着重以精神文明建设统揽文化建设。① 在中央1号文件的第二个阶段则着重强调乡村文化建设。尽管2004年中央1号文件《中共中央、国务院关于促进农民增加收入若干政策的意见》仅强调要落实乡村文化建设的经费,"落实好新增教育、卫生、文化等事业经费主要用于农村的政策规定",缺乏具体明确的乡村文化建设指导,但它预示着国家对乡村文化建设政策的重大转变。

这种转变是自1984年《中共中央关于经济体制改革的决定》所建立的以城市为中心的发展格局以来最重要的转变,它将中央的工作重心向农村倾斜,体现在2005年中央1号文件中,其第二十五条明确提出要进一步发展农村教育、卫生、文化等社会事业,要加大农村重大文化建设项目实施力度,完善农村公共文化服务体系,鼓励社会力量参与农村文化建设。同年11月,中共中央办公厅与国务院办公厅发布了《关于进一步加强农村文化建设的意见》,进一步明确了各地要"充分认识加强农村文化建设的重要性和紧迫性",并详细提出了农村文化建设的指导思想和目标任务,此外,"动员社会力量支持农村文化建设"也被写入其中,由此拉开新时期乡村文化建设的序幕。

从政策的梳理来看,政策中体现了政府大力建设乡村文化的决心,并把重点工作集中在以下几个关键点上。

一是丰富、引领农村村民的精神生活。满足人的精神需要是所有文化建设的根本目的,也是政府贯彻以人为本的发展理念的真正体现,同样是主体性得以彰显的核心。2005年中央1号文件明确提出,要"巩固农村宣传文化阵地,加强农村文化市场管理"。2006年中央1号文件与2005年《推进社会主义新农村建设的若干意见》则都加入了"满足农民群众多层次、多方面的精神文化需求"等内容,进一步丰实了乡村文化建设目标。2005年出台了《关于进一步加强农村文化建设的意见》文件,进一步明确了农村文化建设的指导思想和目标任务,确立了"多予少取放活"原则,要求农村文化建设坚持以邓小平理论和"三个代表"重要思想为指导,树立和落实科学发展观,全

---

① 柯晓兰.改革开放以来我国乡村文化政策的演进与启示——基于23个中央一号文件的分析[J].大连干部学刊,2021,37(07):10-16.

面贯彻党的十六大和十六届三中、四中、五中全会精神，始终把握社会主义先进文化的前进方向，努力满足广大农民群众多层次多方面精神文化需求。2018年2月，国家发布了《国家乡村振兴战略》，同样将"加强农村思想道德建设、践行社会主义核心价值观、巩固农村思想文化阵地、倡导诚信道德规范"作为乡村文化建设中加强农村思想道德建设的重要内容。从这些文件、政策的发布来看，丰富、引领农村村民的精神生活始终是国家发展乡村文化、建设乡村文化的核心宗旨。

二是保障基础性的文化供给。保障基础性的文化供给是政府维护文化公共性的直接体现。文化供给保障的相关政策实际上自1953年起就已经开始。1953年12月，文化部发布了《整顿和加强文化馆、站工作的指示》，把全国文化建设聚焦于新中国各地文化馆与艺术馆的建设与发展。对乡村而言，重要政策出现在2007年。2007年3月6日，新闻出版总署联合7个部委共同发布了《农家书屋工程实施意见》，在全国开启农家书屋建设。2015年1月14日又发布了《关于加快构建现代公共文化服务体系的意见》，提出在村（社区）统筹建设综合文化服务中心，因地制宜配备文化器材。同年10月，国务院办公厅发布了《关于推进基层综合性文化服务中心建设的指导意见》，12月又制定了《中央补助地方公共文化服务体系建设专项资金管理暂行办法》，为乡村基础文化供给提供机构、设施、资金等具体保障举措。国家于2016年颁布了《中华人民共和国公共文化服务保障法》，2017年颁布了《中华人民共和国公共图书馆法》，进一步强化了乡村基础文化的保障。

三是保护与传承优秀传统文化。优秀传统文化的赓续始终是民族发展的大事，也是全人类多样性得以保全的关键。自1985年加入《保护世界文化和自然遗产公约》后，我国先后出台相关政策用于保护、继承我们自己的优秀历史文化遗产。以传统村落的保护为例。从2008年4月出台《历史文化名城名镇名村保护条例》，到2014年的《关于切实加强中国传统村落保护的指导意见》，再到2020年的《关于实施中国传统村落挂牌保护工作的通知》，传统村落的保护得到日益强化，许多物化文化得以修复。2017年1月25日，中共中央办公厅、国务院办公厅印发了《关于实施中华优秀传统文化传承发展工程的意见》，要求各地区各部门结合实际把中华优秀传统文化传承发展的各项任务落实到农村、企业、社区、机关、学校等城乡基层，这也使得民间的文化传统与技艺得到活化。2018 年 2 月的《国家乡村振兴战略》更将"弘扬中华优秀传统文化"独列一章,提出要立足乡村文明,吸取城市文明及外来文化优秀成果,在保护传承的基础上,创造性转化、创新性发展,不断赋予时代内涵、丰富表现形式,为增强文化自信提供优质载体。随着越来越多的政策出台,优秀的传统乡村文化得到极大的保护和发展,一些本已经消失的文化传统习俗也开始在乡村盛行,乡村文化又充满了活力。

四是发展文化产业为地方赋能。发展乡村文化产业,激发乡村文旅活力,是国家从经济层面为引导乡村振兴制定的战略方针。改革开放以来,我国中央文化产业政策经历探索期、萌芽期、体制改革期、规划引导期、国家战略期和高质量发展导向期六个发展阶段,取得了长足的进步。① 其中,有些关键政策节点在引导文化产业发展上起着至关重要的作用。首先是在 2005 年 2 月 19 日,《国务院关于鼓励支持和引导个体私营等非公有制经济发展的若干意见》提出,放宽非公有制经济市场准入,鼓励非公有资本进入文化事业领域。其次是在 2022 年 3 月 21 日,文化和旅游部、教育部、自然资源部、农业农村部、国家乡村振兴局、国家开发银行六部门联合发布了《关于推动文化产业赋能乡村振兴的意见》,以文化产业赋能乡村经济社会发展。为加快推进乡村旅游提质扩容,进一步发挥乡村旅游对促进消费、改善民生、推动高质量发展的重要带动作用,2015 年 8 月,国务院办公厅进一步发布了《关于进一步促进旅游投资和消费的若干意见》,提出实施乡村旅游提升计划,开拓旅游消费空间,要立足当地资源特色和生态环境优势,突出乡村生活生产生态特点,深入挖掘乡村文化内涵,开发建设形式多样、特色鲜明、个性突出的乡村旅游产品,举办具有地方特色的节庆活动。其后,原国家旅游局开始将乡村旅游、文化旅游、研学旅行等一批旅游项目纳入专项建设基金支持领域,提供专项支持与重点扶持。此外,还有一个重要的政策出台是在 2018 年 10 月,文化和旅游部、国家发展改革委等 13 部门联合发布了《促进乡村旅游发展提质升级行动方案》,进一步明确了支持乡村提升旅游基础设施。在政策的有力支持下,乡村文化产业成绩斐然,总量增长喜人,乡村旅

---

① 黄韫慧,贺达.中国文化产业政策演进与"十四五"优化策略[J].南京社会科学,2022(01):164-172.

游创客、乡村旅游扶贫也取得了巨大的成就。

在涉农政策中，国家对农民的主体地位做了反复强调，对社会力量的引入同样给予了足够重视。例如，2005 年的重要文件《关于进一步加强农村文化建设的意见》中就明确要求，"使农民群众成为农村文化建设的主体"。2006 年中央 1 号文件提出，"尊重农民的主体地位"。2018 年的《国家乡村振兴战略》进一步明确，要"坚持农民主体地位。充分尊重农民意愿，切实发挥农民在乡村振兴中的主体作用"，"把维护农民群众根本利益、促进农民共同富裕作为出发点和落脚点"。从"成为"到"尊重"再到"坚持"，表述向深度持续转化说明政府在制定政策中逐步坚定了农民主体地位的认知历程，也反映出农民是乡村文化建设中不可动摇的根本主体。2018 年的《国家乡村振兴战略》还提出，要"引导和撬动社会资本投向农村"，"推进产学研合作，加强科研机构、高校、企业、返乡下乡人员等主体协同，推动农村创新创业群体更加多元"。类似的表述同样在政府的其他文件中可以看到，但其核心观点是一致的。总之，与西方不同，保障农民的主体性是我国乡村建设的根本主张，文化建设同样如此。

可以看出，政策借助资源、资金、设施、制度等形式对乡村文化建设提供引导和支持，全力保障村民的基本文化诉求，致力于维护村民的文化权益，体现出国家以"人的发展"为基本政策理念，注重乡村文化"公共性"的维护。这是"主体性""公共性"在政策中的具体体现，也是乡村文化实践活动开展的依据。与此同时，农民、企业、社会组织等各种社会力量始终被鼓励参与乡村文化建设，社会资本也被允许加入公共事业中，多方力量携手共同推动乡村文化建设，为乡村文化振兴贡献力量。

(二)学者的解决方案

目前来看，正如前面政策分析的那样，乡村村民的主体地位在制度层面得到了肯定，但在现实中要实现这一主体地位却面临着各种阻力。在一些乡村，农民的主体性得不到彰显，农民的文化权益受到侵害。对此，出现了大量的学术研究，焦点都集中在乡村主体性的体现上。在乡村振兴中如何凸显村民的主体性，学者有着不同的意见。具体有以下几个方面的建议。

一是强化对主体性的认知意识与能力建设。中央民族大学民族学与社会学学院王建民教授认为,主体性对乡村文化建设具有极其重要的作用。因为它是一个能调动民众自主、自发、能动的过程。① 赵梦宸认为,要让农民发挥主体性作用,应以乡村文化教育来培育农民的主体意识,以乡村文化实践来培育农民的主体能力。② 麻国庆认为,保护和振兴文化主体性,必须理解"保人"与"保文化"之间的辩证关系。③ 这些积极的建议对主体性的认知意识和能力建设有巨大的帮助,但意识与能力的培育应与实践挂钩,应基于乡村文化认同与时代发展认知,而非一个简短的推动过程。

二是以激励举措或约定来激发主体性回归。有效的激励是激发主体能动性的诱导因素。杜鹏认为,乡村文化主体性不仅源于认知层面的文化自觉,而且依赖于农民日常生活的文化实践,应通过村庄动员和价值调控的方式激活和引导乡村文化再生产的内生动力。④ 李兴军深入分析了云南江头曼咪村旅游发展"停滞"案例后认为,将乡村文化景观和非物质文化遗产真正转化为乡村旅游资源,能从根本上做到文化主体性回归,提升在地居民的文化自信和文化自觉。⑤ 聂继凯将主体性体现在以共约自建构为内核的自主之力,其"自我发展"的特性成为消解惯性之力"守旧"内卷化的重要力量。⑥ 张海荣与张建梅认为,要以"情""理"交融为坐标,需立足必备的"外部"条件,以统整融合的文化观来化育,由此推动"人的建设"。⑦ 激励是建立在信任基础上的,需要实际的收益做后盾。因此,激励举措需要政策、社会各界的多方联动来推动才具有可行性。

三是依据时代发展重构主体性。一些学者关注时代发展变化对乡村主

---

① 刘姝曼.坚定文化自信 重建乡村主体性——《中国乡村文化建设发展报告(2018—2021)》项目启动暨撰稿人会议综述[J].哲学动态,2021(03):118-121.

② 赵梦宸.以农民为主体推动乡村文化振兴[J].人民论坛,2019(11):68-69.

③ 麻国庆.乡村振兴中文化主体性的多重面向[J].求索,2019(02):4-12.

④ 杜鹏.转型期乡村文化治理的行动逻辑[J].求实,2021(02):79-97+112.

⑤ 李兴军.文化主体性与创新乡村旅游发展基本理念——基于云南江头曼咪村旅游发展"停滞"现象的调查[J].北方民族大学学报,2020(03):56-61.

⑥ 聂继凯.三力驱动:复合型乡村文化振兴路径研究——基于鲁中L村的案例分析[J].西南民族大学学报(人文社会科学版),2020,41(12):187-195.

⑦ 张海荣,张建梅.向里用力:转型期乡村文化治理的根本途径[J].中国特色社会主义研究,2020(02):63-70.

体性的改变。陈学兵认为乡村振兴给主体提出了更高的要求,只有通过重振乡村经济活力、重构乡村合作组织、重塑乡村文化魅力,才能重构出与乡村振兴战略总要求和目标相适宜、相匹配的农民主体性。[①] 乡村主体性的发展必然脱离不了时代的背景,因此,关注社会中科技、产业、媒体等新型技术与行业的变动对乡村影响与变革让主体性得到彰显而言同样重要。

如何解决"公共性"这个难题,学者主要从乡村公共文化建设入手来探讨:一是从治理的途径出发,试图以科学治理来解决它。持这类观点的学者主要从当下的乡村文化"滑坡"现象入手,以解决问题为导向进而提出有效治理的策略,从而达到恢复公共性的目的。如张波与丁晓洋认为现实中真实地存在着公共议题失语、场域空间萎缩、行政伦理失范、公共精神淡化等公共性缺失困境,需通过形成社会组织、整合文化资源、完善民主制度、培育现代政治文化等多重途径,优化乡村文化治理元素和结构,从而实现公共性"再造"。[②] 但治理需要全方位、综合多种治理手段才能真正发挥出效果,这对乡村而言仍然是个不小的挑战。二是以适应外部变革为契机,试图重构公共性。这类学者多从乡村外部环境的巨变入手,以响应外部变革的举措来重构乡村文化的公共性。例如,张胜前认为,乡村文化的公共性在转型期被消解了,必须进行现代化再造。[③] 王智洋认为,应通过乡村公共文化领域中空间结构布局的整合与再建以及乡村公共文化领域中大众文化秩序的恢复与更新实现乡村文化公共性的重构。[④] 重构公共性必须站在时代发展的前沿去理解传统的社会关系,去分析传统社会结构,并以新的组织形式、行为方式、强化手段来实现公共性的再认知、再重塑与再彰显,既立足于传统,在传统中蜕变,又着眼于未来,在未来中获得新生,只有这样才能彻底实现重构的目标。

---

① 陈学兵.乡村振兴背景下农民主体性的重构[J].湖北民族大学学报(哲学社会科学版),2020,38(01):63-71.

② 张波,丁晓洋.乡村文化治理的公共性困境及其超越[J].理论探讨,2022(02):83-90.

③ 张胜前.转型期乡村文化"公共性"消解与再造[J].商业时代,2012(27):21-22.

④ 王智洋.中国语境下乡村公共文化领域的变迁与重构[J].民族艺术研究,2020,33(02):123-130.

　　总的看来,要发挥乡村文化建设的主体性与公共性作用,就需要理解主体性与公共性的真实内涵,结合乡村文化现有的文化供给模式与国家关于乡村文化建设的政策走向,仔细梳理乡村文化建设者之间的关系,依据乡村文化建设的实践,从多个视域出发,重新思考乡村文化建设者的主体性以及文化的公共性,再针对现有的各类问题,提出有效的方案,释放乡村文化建设主体性与公共性的功效。也就是说,对主体性的理解不能从单个视域孤立地看,应从各个参与者入手,全面把握参与者的具体情况,并将其置于多重社会语境中,才能真正看清农民的主体性并将其作用发挥出来。公共性同样应建立在一定的理论基础上,并且只有将公共性落实到具体的环境之中,才能让其能够得以彰显,不然同样会形成一种空谈。为此,笔者将在随后的章节中从利益相关者角度入手来探查乡村文化建设者之间的关系,从乡村文化空间入手来彰显乡村文化的公共性,实现理论与现实的挂钩,以探寻乡村文化建设的主体性与公共性。

第二章

乡村文化建设的利益相关者[①]

乡村文化建设的"主体性"始终要落实到"人"这一核心要素上。如果仅将乡村文化建设者的任务落实到村民这一单一主体上，显然不利于乡村文化建设，也容易造成乡村文化建设的故步自封，形成内卷式的发展模式，不可避免地会造成传统乡村文化的凋零。与此同时，对于抱有热情的外部参与者而言，乡村文化建设不比城市文化建设轻松，通常面对着缺乏城市文化建设所需的便利条件，存在着资源与各种配套设施的限制，且无法形成大量人才聚集产生的叠加效果。因此，外部参与者如果要投入乡村文化建设，往往需要耗费大量的时间、资金、人力等成本才能完成一些看似简单的工作。这需要我们秉持开放的态度，在鼓励激发内生力量的同时，积极引入外部力量与外部资源，合力辅助乡村文化振兴，才能在新时期走出一条中国特色的乡村文化建设道路。

为繁荣乡村文化，提升乡村文化水平，借助文化建设赋能乡村振兴，国家自 2005 年起就出台了一系列政策，不仅要求地方政府建立稳定的农村文化投入保障机制，完善农村公共文化服务体系，还将"充分调动社会各方面力量参与农村文化建设"[②]列为国家农村文化建设的指导思想。国家从战略

[①] 本章内容发表在《评价与管理》（2023 年第 3 期）上，发表时有删减。

[②] 2005 年，中共中央办公厅、国务院办公厅发布的《关于进一步加强农村文化建设的意见》第 3 条。

层面聚集社会力量振兴乡村文化,引导社会资本与社会资源向广大农村地区倾斜,既反映了政府对乡村文化建设的开放态度与繁荣乡村文化的坚定决心,也突出了社会力量在乡村文化建设中的不可替代作用。伴随着乡村振兴的深入推进与各地积极发展乡村文旅的火热势头,越来越多拥有不同背景与诉求的乡村文化工作者涌入农村,参与乡村文化的生产与传播,在推动乡村文化振兴的同时,有力地扭转了乡村文化建设长期滞后的颓势,也逐步改善了乡村文化荒漠化的现象,从而探索出一条适合自身国情发展的中国特色社会主义乡村文化建设道路。

不可忽视的是,当社会力量特别是文化资本进入乡村开发乡土文化资源时,不可避免地会在乡村这个以熟人社会为主要特征的独特场域中产生各种权益纠纷问题。如果放任不管或处理欠妥,会带来乡村文化建设的异化,给乡村振兴制造各种矛盾与冲突,让淳朴的乡土社会出现形形色色的扭曲与错乱。更进一步,从更深入的利益视角来探讨此类问题时会发现,乡村文化建设不仅会受到传统理性主义所主张的"经济原则"的约束,还会承受乡村特有的差序社会结构、文化传承方式、传统文化观念等因素的影响与左右,因此,用单一的市场机制来处理显然不合适,也不可行。只有先厘清它们缔结的各类社会关系,再在兼顾经济利益与社会效益的原则下辅以经济、制度、文化等多重手段,对所涉及的各项权益进行综合稳妥的调适,让乡村文化建设者们的投入与价值回报达到各自期望的均衡状态,才有可能获得理想的解决方案。换言之,只有公平合理地保障参与者的权益,才能促使这些建设者在乡村文化建设中各尽所能,保持行动与目标的一致,从而形成有益于参与乡村文化建设的长效机制。但从现有的乡村文化生产机制来看,难以获得有效的解决举措,这需要我们转换思维方式,跳出原有的思维模式牢笼,从其他视域中找寻解决问题的办法。

乡村文化建设的各类参与者及其关系本质上属于组织管理范畴。因此,可以借鉴组织管理学的方法来尝试解决。本章借助乡村文化实践调研,以利益相关者理论为基础,全面梳理乡村文化建设者的范畴,尽可能将涉及的乡村文化建设者都纳入其中,再进一步分析这些利益相关者之间的核心关系,以及权益调适的办法,为乡村文化建设的主体管理提供另一种思路。

一、被忽视的尖锐问题

笔者在梳理相关政策文件的基础上,自 2021 年至 2022 年间重点调研浙江省杭州市、温州市、金华市等地的知名乡村,围绕各地的乡村文化建设展开多次走访,发现了一些普遍存在的问题,突出表现在以下两个方面:

(一)"群体"的统筹与细分问题

首先,从政策梳理来看,有规划、有政策但缺乏具体细化与落实。国家自 2005 年就出台了相关政策,不仅要求政府"建立稳定的农村文化投入保障机制",还积极鼓励社会力量参与乡村文化建设,如 2005 年中央 1 号文件明确提出"完善农村公共文化服务体系,鼓励社会力量参与农村文化建设"。

具体而言,一方面,政府在坚定不移地强化乡村公共文化供给,保障乡村基本的文化权益。2005 年 11 月 7 日,中共中央办公厅与国务院办公厅发布的《关于进一步加强农村文化建设的意见》明确了"要坚持'多予少取放活',加大政府投入,调整资源配置,深化体制改革,加强文化基础设施建设,构建公共文化服务体系,实现和保障农民群众的基本文化权益"。2005 年度中央 1 号文件明确要求"各级财政要增加对农村文化发展的投入,加强县文化馆、图书馆和乡镇文化站、村文化室等公共文化设施建设,继续实施广播电视'村村通'和农村电影放映工程,发展文化信息资源共享工程农村基层服务点,构建农村公共文化服务体系"。时至今日,强化农村公共文化服务体系建设仍是"三农"政策的重要内容。它表明国家在乡村文化建设中的基础性作用,为乡村文化建设提供奠基式的支撑和主导式的引导。另一方面,政府在扎实引导社会力量参与乡村文化建设,盘活乡村文化市场。2005 年的《关于进一步加强农村文化建设的意见》同样明确了各地要"充分调动社会各方面力量参与农村文化建设,提供更多更好的文化产品和服务",期望通过吸引社会力量触发乡村社会在经济、教育、文化、管理等领域的变革,进而振兴乡村。它反映了"社会力量"在乡村文化建设中不可替代的地位,是提升乡村文化建设高质量发展的关键变量,被赋予了重要期望。于是,在2006 年的中央 1 号文件中提出"引导文化工作者深入乡村,满足农民群众多层次、多方面的精神文化需求",2007 年的中央 1 号文件又提出"加大城市教师、医务人员、文化工作者支援农村的力度"。2008 年 3 月 28 日,国务院发布《关于鼓励支持和引导个体私营等非公有制经济发展的若干意见》,积极放开市场准入,允许非公有资本进入社会事业领域,鼓励非公有资本投资教育、科研、卫生、文化、体育等社会事业,全面拉开了社会资本进入乡村的发展序幕。2009 年的中央 1 号文件更明确提出要积极引导社会资源投向农业农村,鼓励各种社会力量开展与乡村结对帮扶,让"城市文化"支援农村。2012 的中央 1 号文件提出"促进城乡文化一体化发展";2013 年的中央 1 号文件提出"鼓励社会资本投向新农村建设";2015 年的中央 1 号文件直接"倡导文艺工作者深入农村,创作富有乡土气息、讴歌农村时代变迁的优秀文艺作品,提供健康有益、喜闻乐见的文化服务。创新乡贤文化,弘扬善行义举,以乡情乡愁为纽带吸引和凝聚各方人士支持家乡建设,传承乡村文明";2015 年 10 月 20 日,国务院办公厅发布了《关于推进基层综合性文化服务中心建设的指导意见》,提出要"探索社会化建设管理模式",并通过政府向社会力量购买公共文化服务,推动社会力量以市场方式与公益方式参与基层综合性文化服务中心建设与管理,达到鼓励社会力量建设乡村文化基础设施的目的。可以看到,作为乡村文化建设的重要补充力量,社会力量为乡村提供文化公共服务受到政府越来越强烈的认可,支持其参与的力度也在逐步提升。随着乡村振兴战略各项政策的全面深入推进,越来越多拥有不同背景与目的的参与者涌入乡村,参与乡村文化的生产与传播,为乡村文化建设做出了巨大的贡献。

表 2-1　2005—2022 年中共中央、国务院有关"乡村文化建设"的"中央一号"文件

时间(年)	中央一号文件	关键内容
2005	《关于进一步加强农村工作提高农业综合生产能力若干政策的意见》	"完善农村公共文化服务体系,鼓励社会力量参与农村文化建设。巩固农村宣传文化阵地,加强农村文化市场管理。"
2005	《关于进一步加强农村文化建设的意见》	"充分调动社会各方面力量参与农村文化建设。"

时间(年)	中央一号文件	关键内容
2006	《中共中央关于制定国民经济和社会发展第十一个五年规划的建议》	"引导文化工作者深入乡村,满足农民群众多层次、多方面的精神文化需求。"
2007	《关于积极发展现代农业扎实推进社会主义新农村建设的若干意见》	"加大城市教师、医务人员、文化工作者支援农村的力度。"
2008	《关于切实加强农业基础建设进一步促进农业发展农民增收的若干意见》	"深入实施广播电视'村村通'、农村电影放映、乡镇综合文化站和农民书屋工程,建设文化信息资源共享工程农村基层服务点。""引导和鼓励社会力量投入农村文化建设。"
2009	《关于2009年促进农业稳定发展农民持续增收的若干意见》	"建立稳定的农村文化投入保障机制,尽快形成完备的农村公共文化服务体系。推进广播电视村村通、文化信息资源共享、乡镇综合文化站和村文化室建设、农村电影放映、农家书屋等重点文化惠民工程。"
2010	《关于加大统筹城乡发展力度进一步夯实农业农村发展基础的若干意见》	"引导更多城市教师下乡支教、城市文化和科研机构到农村拓展服务、城市医师支援农村。""建立稳定的农村文化投入保障机制,推进广播电视村村通、文化信息资源共享、乡镇综合文化站和村文化室、农村电影放映、农家书屋等重点文化惠民工程建设和综合利用。"
2012	《关于加快推进农业科技创新持续增强农产品供给保障能力的若干意见》	"促进城乡文化一体化发展,增加农村文化服务总量,缩小城乡文化发展差距。"
2013	《关于加快发展现代农业进一步增强农村发展活力的若干意见》	"鼓励社会资本投向新农村建设。""启动专项工程,加大力度保护有历史文化价值和民族地域元素的传统村落和民居。""深入实施农村重点文化惠民工程,建立农村文化投入保障机制。"
2014	《关于全面深化农村改革加快推进农业现代化的若干意见》	"抓紧把有历史文化等价值的传统村落和民居列入保护名录。""有效整合各类农村文化惠民项目和资源,推动县乡公共文化体育设施和服务标准化建设。"

时间(年)	中央一号文件	关键内容
2015	《关于加大改革创新力度加快农业现代化建设的若干意见》	"积极开发农业多种功能,挖掘乡村生态休闲、旅游观光、文化教育价值。""拓展重大文化惠民项目服务'三农'内容。""倡导文艺工作者深入农村,创作富有乡土气息、讴歌农村时代变迁的优秀文艺作品,提供健康有益、喜闻乐见的文化服务。创新乡贤文化,弘扬善行义举,以乡情乡愁为纽带吸引和凝聚各方人士支持家乡建设,传承乡村文明。"
2016	《关于落实发展新理念加快农业现代化 实现全面小康目标的若干意见》	"加强乡村生态环境和文化遗存保护。""全面加强农村公共文化服务体系建设,继续实施文化惠民项目。""弘扬优秀传统文化,抓好移风易俗,树立健康文明新风尚。"
2017	《关于深入推进农业供给侧结构性改革加快培育农业农村发展新动能的若干意见》	"利用'旅游+'、'生态+'等模式,推进农业、林业与旅游、教育、文化、康养等产业深度融合。""加强农村公共文化服务体系建设,统筹实施重点文化惠民项目,完善基层综合性文化服务设施,在农村地区深入开展送地方戏活动。支持重要农业文化遗产保护。""培育与社会主义核心价值观相契合、与社会主义新农村建设相适应的优良家风、文明乡风和新乡贤文化。"
2018	《关于实施乡村振兴战略的意见》	"发展乡村共享经济、创意农业、特色文化产业。""繁荣兴盛农村文化,焕发乡风文明新气象。""培育挖掘乡土文化本土人才,开展文化结对帮扶,引导社会各界人士投身乡村文化建设。活跃繁荣农村文化市场,丰富农村文化业态,加强农村文化市场监管。"
2019	《关于坚持农业农村优先发展做好"三农"工作的若干意见》	"支持建设文化礼堂、文化广场等设施,培育特色文化村镇、村寨。""引导和支持村集体和农民自主组织实施或参与直接受益的村庄基础设施建设和农村人居环境整治。"
2020	《关于抓好"三农"领域重点工作确保如期实现全面小康的意见》	"实施乡村文化人才培养工程。""鼓励城市文艺团体和文艺工作者定期送文化下乡。实施乡村文化人才培养工程,支持乡土文艺团组发展,扶持农村非遗传承人、民间艺人收徒传艺,发展优秀戏曲曲艺、少数民族文化、民间文化。"

续　表

时间(年)	中央一号文件	关键内容
2021	《关于全面推进乡村振兴加快农业农村现代化的意见》	"推进城乡公共文化服务体系一体建设,创新实施文化惠民工程。"
2022	《关于做好2022年全面推进乡村振兴重点工作的意见》	"创新农村精神文明建设有效平台载体。""启动实施文化产业赋能乡村振兴计划。整合文化惠民活动资源。"

在政策与外部力量的共同作用下,乡村文化建设取得了辉煌的成绩,文化设施得到极大的补充与完善,文化活动相比以往更加丰富,文化内容也逐步迈向了高质量发展。以文化礼堂为例。截至目前,浙江省已实现农村文化礼堂在500人以上行政村的全覆盖,共有3463家农村文化礼堂获得省农村文化礼堂建设工作领导小组验收合格。但有一点不可忽视,即在社会力量与乡村本地村民组成的多方协作中,不可避免地会产生权益冲突,如果仅用单一的市场机制来处理显然不合适,因为它忽视了乡村文化建设自身的特殊性。事实表明,在笔者调研中,这种担忧的确存在。

从政策梳理来看,其中有两个长期未解的关键议题,也是笔者关注的核心。

一是乡村文化建设群体的有效识别与引导。长期以来,社会力量作为非正式群体被笼统地以"文化工作者"一概而论,即使部分文件中用了"企业""社会组织""其他社会力量"等表述,但仍缺乏范畴层面的统一划分与职责归属上的清晰界定,尤其是对一些有价值的重点群体缺乏明细的规定,难以实施分类引导与精准施策,还会产生排异反应甚至本末倒置,成为阻碍外部参与的主要因素。

二是参与者间的权益关系辨析与协调。在乡村特有的场域与强烈的地域文化认同下,由"本地熟人社群＋外部力量"主导下的乡村文化建设不仅权责关系错综复杂,而且权益分配缺乏有效的参考模式,再加上规划与监管尚难做到"一村一策"式的精准实施,政策对如何协调、分配参与者的权益缺乏明确的指示,极易产生不正当的利益输送或缺乏理性的权益抗争,从而在乡村引发矛盾与冲突。

要繁荣乡村文化,避免产生功利主义的倾向与优秀传统文化的异化,就必须正视上述问题,在尊重差异的基础上依照国家"建立健全把社会效益放在首位、社会效益和经济效益相统一的文化创作生产体制机制"的总体要求,分类统筹各类参与者,厘清其间的权益关系与权益诉求,科学合理地调适权益分配,在推动乡村文化建设逐步提升的同时,展现出中国特色社会主义乡村文化建设的特色与优势。

(二)从实地调研来看,贡献与收益不均衡的现象比较突出

为了掌握相关情况,笔者前期对一些乡村展开了调研。笔者发现,乡村文化建设者尽管存在着成分复杂、力量悬殊、方式各异等特征,但都在乡村文化建设中发挥出了巨大的作用,无疑显著地促进了乡村文化发展和乡村振兴。

下面以参与浙江省杭州市富阳区东梓关村文化建设的乡村文化建设者为例。

当地政府:保护传统村落,新建文化大礼堂、文明实践站,开展党建活动,等等。

当地的旅游公司:为东梓关村做景区规划,组织各类文娱活动,提供资金支持,与乡村共享收益,等等。

当地村民:开设乡村民宿,发展本地特色产品,将老宅贡献给村集体,新建村史馆、村图书馆,担当文化解说者,自主参与文旅引导活动,等等。

返乡创客:投资开发文旅项目(主要是"帆船旅游"项目),推动乡村文旅,发展农村特色产业项目(主要是"素云红糖"项目),拉动本地经济。

返乡乡贤:组织书法活动,组织编修《村志》,参与乡村参事议事,捐赠物资。

特殊贡献者:张绍富创办安雅堂,宣传中医文化。

组织机构:参与新农村设计,组织高校学生乡村实践,组织参观考察。

邻村村民:开设江鲜馆,组织"江鲜大会",以活动推广乡村

品牌。

　　外来文化创客:开设抚琴馆,展示文艺作品。

　　互联网工作者:开设直播室,直播乡村活动与宣传农产品。

　　外地文旅企业:为当地文旅提供配套设施,开设酒店、咖啡厅,增加文化景观。

在整个过程中,乡村文化建设者的权益并没有明确的分配方案,而且待遇悬殊。表现出以下问题:

　　财务税收均质化:作为独立的乡村文化工作者在政策上参照企业标准进行,缺乏应有实质性的优待。

　　利益诉求的忽视:乡贤、乡创客、文化工作者的利益诉求有显著差异,乡村对其响应的态度也截然不同,缺乏针对性的具体举措。

　　权益分配不均:村民与外部公司、企业的合作多数采取土地、房屋置换方式,但在收益分配上缺乏话语权,权益分配不均衡。

　　参与缺乏保障:现有乡村文化资源不足,文化活动多属间歇性参与,非制度性,因此,参与缺乏足够的资源保障与制度保障。

二、一个适宜的评选标准

(一)利益相关者理论

利益相关者理论是企业战略管理中组织管理与企业责任结合而诞生的理论,是"股东"(stockholder)概念的泛化[①],它要求管理者考虑所有能够影响到重大决策或者被重大决策影响的群体,而不仅仅是股东。换言之,利益

---

① R·爱德华·弗里曼.战略管理——利益相关者方法[M].王彦华,梁豪,译.上海:上海译文出版社,2006:37.

相关者理论关注的是利益相关者之间的权利安排与利益调适。① 该理论早期出现在斯坦福国际咨询研究所的内部探讨中。1984 年,弗里曼(Freeman, R. E.)发表了《战略管理:利益相关者方法》,带动了相关研究,并对多个领域产生了重要影响。利益相关者理论突破了原有的企业战略管理视野,整合了商业、伦理与社会因素,为调和参与者之间的矛盾提供了指引。借助相对成熟的利益相关者理论,我们可以重新审视乡村文化建设者的角色、职能与诉求,从参与者视角剖析共建行为所产生的权益关系,进而探索多元主体间的权益平衡机制,为乡村文化建设谋划新的建设思路。

(二)利益相关者的评价依据

依照弗里曼的界定,利益相关者被认为是"那些能够影响公司目的并受公司目的影响的群体和个人"②。这一较为宽泛的群体描述,给后继者开创多维度划分提供了可能,重点体现在契约、关系、风险、属性、利益诉求等关键要素上。如查克汉姆(Charkham)依据契约的有无提出了契约型利益相关者和公众型利益相关者,克拉松(Clarkson)通过判断关系紧密提出了主要利益相关者和次要利益相关者,通过判断意愿性提出了自愿利益相关者和非自愿利益相关者两种划分③,弗里曼依据合作与威胁将利益相关者划分为摇摆性利益相关者、攻击性利益相关者、牵制性利益相关者和防御性利益相关者④,国内学者魏炜将独立的利益诉求、相对独立的资源能力与焦点企业存在着交易关系作为识别利益相关者的依据,等等⑤。在诸多划分中,米切尔(Mitchell)、艾格勒(Agle)和伍德(Wood)提出的合法性、权力性、紧急性三

---

① 李粮.价值创造、信息传递与企业系统和谐度关系研究——基于期间费用支出有效性发挥的视角[J].经济问题,2019(03):104-113+121.

② R・爱德华・弗里曼.战略管理——利益相关者方法[M].王彦华,梁豪,译.上海:上海译文出版社,2006:11.

③ 贾生华,陈宏辉.利益相关者的界定方法述评[J].外国经济与管理,2002(05):13-18.

④ R・爱德华・弗里曼.战略管理——利益相关者方法[M].王彦华,梁豪,译.上海:上海译文出版社,2006:171.

⑤ 魏炜,林桂平,朱武祥.从治理交易关系与业务交易关系探讨企业边界及相关命题——一个多案例研究的发现[J].管理评论,2016,28(04):212-224.

个属性作为识别利益相关者标准,获得广泛认可。① 其中,合法性指法律与道义所赋予的权利,权力性是对企业影响力的大小,紧急性则是诉求得到响应的程度。

三、乡村文化利益相关者的构成

笔者关注其中的两个问题。一是乡村文化建设群体的有效识别与引导。长期以来,乡村文化建设者作为非正式群体被笼统地以"文化工作者"一概而论,缺乏范畴层面的划分与职责归属上的界定,难以实施分类引导与精准施策,尤其在乡村精英流失殆尽、乡村文化续存空间受到严重挤压的情况下,容易产生排异反应从而本末倒置,成为阻碍外部参与的主要因素。二是权益关系的辨析与调配。在乡村特有的场域与强烈的地域文化认同下,由"本地熟人社群+外部力量"主导下的乡村文化建设不仅权责关系错综复杂,而且权益分配缺乏有效的参考模式,再加上规划与监管难以做到"一村一策"式的精准实施,极易产生不正当的利益输送,或缺乏理性的抗争,从而在乡村引发矛盾与冲突。要繁荣乡村文化,避免功利主义的倾向与传统文化的异化,就必须正视上述问题,在尊重差异的基础上依照国家"建立健全把社会效益放在首位、社会效益和经济效益相统一的文化创作生产体制机制"的总体要求,分类统筹各类参与者,厘清其间的权益关系与权益诉求,科学合理地调适权益分配,在推动乡村文化建设逐步提升的同时,展现出中国特色社会主义乡村文化建设的特色与优势。

借助相对成熟的利益相关者理论,可以重新审视乡村文化建设者的角色、职能与诉求,从参与者视角剖析共建行为所产生的权益关系,进而探索多元主体间的权益平衡机制,为乡村文化建设谋划新的建设思路。

---

① Mitchell, R., Agle, B. R. and Wood, D. J. 1997. Toward a theory of stakeholder identification and salience: Defining the principles of who and what really counts. Academy of Management Review, 22(4):853-886.

(一)乡村文化建设利益相关者的识别与划分

"文化本身就是一种利益"①,文化建设者就是利益相关者。乡村文化建设利益相关者是乡村文化建设涉及的利益相关者的集合。换言之,乡村文化建设并不属于某类单一群体,而是由多个利益相关者共同完成的。对这些共谋者的识别,既要参考已有的划分标准,比如群体利益、价值创造、组织发展与社会责任等因素,还要考虑乡村文化建设的实际需要,如此才能全面把握乡村文化建设的组织基础。

笔者依据米切尔的属性划分原则,梳理了自 2005 年至今的中央 1 号文件与相关的政策文件,从中提炼出所有涉及的主体,再综合小组讨论、向专家求证和咨询当事者意见等多种结果,最终将乡村文化建设的利益相关者分为确定的利益相关者、预期的利益相关者与潜在的利益相关者,前者主要包括政府、公共文化服务机构、当地村民、文化企业、文化公益组织,中间为乡村游客与独立文化工作者,后者则是一些媒体机构与从业者、乡村文化研究者以及城镇居民等。具体见表 2-2。

表 2-2 乡村文化建设的利益相关者

参与者	合法性	权力性	紧迫性
确定的利益相关者			
政府	高	高	高
公共文化服务机构	高	高	高
当地村民	高	中	高
文化公益组织	中	中	中
文化企业	中	中	中
预期的利益相关者			
乡村游客	中	中→递增	低→递增
独立文化工作者	中	低→递增	低→递增
潜在的利益相关者			

① 余政,吕健,李笑野.文化利益论[M].上海:复旦大学出版社,2012:4.

续　表

参与者	合法性	权力性	紧迫性
媒体机构与从业人员	中	低→递增	低→递增
乡村文化研究者	低	低→递增	低
城镇居民	低	低	低

(二)乡村文化建设利益相关者的角色定位与权益诉求

划分出利益相关者仅确定了参与权益分配的对象，对其权力、责任与诉求则仍需要进一步研究，以便为后期的权益协调与分配提供可靠的依据。梳理相关研究与政策后不难发现，对参与者的角色认定与职责期望大体上较为一致。

确定的利益相关者对乡村文化建设有着显著的影响力，扮演着关键角色。其中，政府在乡村文化建设中的领导作用与农民的主体地位在政策文件中都有明确的指示，对于政府如何繁荣发展乡村文化，有学者将组织策划、政策供给、财政支持等功能归纳为其主要职能①，这在一些案例调研中也得到了佐证。当地村民作为传承、保护与发展乡村文化的内生力量理应享有传承、发扬乡村文化的实践权利，同样也拥有一定的让渡权利，用权利与资源对外换取经济租金。在浙江农村，当地村民在政府的扶持下通过改造与新建，建设了大量乡村文化大礼堂，充分展示了村民追求高品质文化生活与生产的积极能动作用，以及作为建设主体的实践权利。带有保障性特征的公共文化服务机构与文化公益组织致力于文化惠民工程，能在资金、信息、技术、组织上为乡村文化振兴“提效—增能”，实现“文化育民”②。例如海南省万宁市长丰镇边肚村“凤凰太阳河书屋”、广东省清远市阳山县小江镇沙寮村“墨如金公益文化馆”、南昌长埠镇老下村“呈香文化馆”等都为保障乡村文化供给贡献了自身的力量。文化企业则凭借资本、技术、管理等手段

① 卢福营，鲁晨阳．村落特色文化保护与开发的策略选择——基于浙江省江山市清漾村的调查[J]．杭州师范大学学报(社会科学版)，2019，41(04)：104-111．

② 罗哲，唐迩丹．农村公共文化服务的结构转型：从“城市文化下乡”到“乡村文化振兴”[J]．四川师范大学学报(社会科学版)，2019，46(05)：129-135．

挖掘传统乡村文化价值,在乡村文化实践中扮演着探索者、建设者、经营者、传播者的角色,例如浙江省松阳县陈家铺村的"平民书局"为当地文化消费注入了新的活力。鉴于文化企业有商业诉求的一面,因此,应适当享有寻租行为的收益权、经营管理权、部分参与权、决策权与利益分配权等权利,以及相应的税收优惠与社会认可等。总之,确定的利益相关者从方方面面影响与改变着乡村文化建设,通过引入或恰当的引导,它们的能动性便很容易被动员起来发挥出巨大的作用。

预期的利益相关者与潜在的利益相关者同样在乡村文化建设中扮演了重要角色。游客的凝视是乡村文化建设的外部推力,游客体验乡村文化的诉求同样是乡村文化建设发展的重要方向。有学者认为,游客的凝视是一种基于利益互动的"价值共创行为"①,游客追求文化消费权利的满足与乡村的文化提升互为利益互动因素,它有助于"'乡土性'的传承与保护"②。独立文化工作者与文化创客凭借个人的努力与显见付出为乡村文化发展贡献着智慧与能力,带动乡村文化走向多元化。有学者认为,外来文化精英入驻乡村是乡村触媒的契机,它能触发人们对乡村传统文化价值的重新认识,并"赋予乡土文化新的生产、传播和消费形式"③。乡村文化研究者、媒体工作者的涉农报道客观真实地传递出乡村文化发展的基本态势,并用媒体力量赋能乡村,对传统文化的提炼与乡村形象的构建有显著的帮助。一些涉农出版物能丰富村民的精神世界,提升村民的文化水平。城镇居民在城乡一体化发展的推动下以文化互鉴与融合推动城乡文化交融,从外部激励改变与影响着乡村文化空间,为传统乡村文化赋予现代元素。总之,他们都是乡村文化振兴的传播者、参与者和推动者,在推动乡村触媒、带动文旅产业发展、创新乡村文化生产与传播体系方面发挥出了巨大作用。同样,乡村文化建设为这些外部参与者提供了实践调研场所与本地特有的文化资源。因此,获得参与许可、行为认同与等值消费体验成为他们参与乡村文化建设的动力与诉求。

综上,乡村既是传统文化生产与传播的重要基地,也是利益相关者权益

① 吴茂英.旅游凝视:评述与展望[J].旅游学刊,2012,27(03):107-112.

② 李丽娟.乡村旅游中"乡土性"的传承与保护[J].社会科学家,2021(05):57-62.

③ 惠东坡,赵悦帆.乡村振兴背景下涉农视听新闻报道的创新实践[J].当代电视,2021(09):30-34.

博弈的场域。其中,政府是乡村文化建设的主导者,掌握着绝对话语权,负责总揽全局、协调各方,发挥着关键导向作用,对应地也承担着发展乡村文化的重任,积极回应各方利益相关者的诉求;公共文化服务机构是政府扶持的文化事业机构,是乡村文化建设的主要促进者,以专属能力与资源优势为乡村提供普惠式的文化产品与服务,目的是促进文化消费的均等化、缩小信息鸿沟;当地村民是乡村文化建设的主体与核心利益者,拥有其他参与者所不具备的"嵌入式隐性知识"①,寻求提升自身的文化生活水平促使其成为乡村文化发展的内生力量;文化企业和文化公益组织是乡村文化建设不可或缺的外部力量,在一定的权益诉求下为乡民贡献实质性、规范性或适应性知识;乡村游客、乡村文化研究者、媒体工作者、城镇居民同样对促进乡村文化发展有重要作用。这些利益相关者彼此协作、相互依赖,共同推动乡村文化建设迈向新的发展台阶。

四、乡村文化建设利益相关者之间的依存关系

厘清利益相关者之间的权益关系,有针对性地挖掘、调节他们的行动动机与影响因素,能为行为驱使提供依据。乡村文化建设是乡村文化生产关系的再生产。外部利益相关者的到来打破了原有的文化生产关系,推动着乡村文化生产关系向多元化迈进,在乡村文化建设利益相关者之间形成一个相互叠加的、多层次、多缘由、多类型的关系集。因此,对其缔结的各类依存关系以及相应的运作体系的剖析只能采取搭建一个体系化的分析框架,由表及里、逐层深入地解析,从整体上形成全面的认知。

(一)基础层面:身份认同构建的信任关系

费孝通曾将中国传统乡村定义为一个以亲属关系为纽带所形成的差序格局的社会形态。在这个熟人社会中,族群认同、职业认同、文化认同所组

---

① 　Mease,L. A. , Ashley,E. , Christina,H. . Engagement takes a (fishing) village to manage a resource: Principles and practice of effective stakeholder engagement[J]. Journal of Environmental Management,2018,15(212): 248-257.

成的共同情感趋向打造了乡村文化建设内在的信任基础。它藏匿在当地村民之间,自发孕育出归属感基因,受伦理、道德与习俗的约束,从内部凝聚着乡村。在乡村,还存在着另一种认同,即外部认同。外部认同是前者的外延,发生在族群的外部,是乡村与外部世界的联系,它以共同合作为纽带,接受法律与制度的管束,遵循着"认同—参与—信任"的发展逻辑。① 无论哪种信任关系,都是基于共有价值与共有精神的群体建构,在利益相关者之间形成特有的关系资本,并在乡村文化建设中起着基石作用。

与内部族群依靠地缘、血缘获得认同的方式不同,塑造外部认同所需的关系资本依赖一定的投入来建立、维护与深化,如政策、资本、资源、行为等。为了获得认同、搭建信任,政府、文化服务机构、文化公益组织、文化企业甚至包括游客等各个利益相关者在关系资本上均有不同程度的投入。政府与文化服务机构常凭借制度设计与文化惠民举措,诸如政策、资金补贴、文化下乡活动以及乡村图书馆、农家书屋建设等,树立为民服务宗旨,获得乡村认同;企业以资金、技术、管理换取的许可与契约为参与形式,以专业化、市场化的行为与结果为检验凭据,在法律与法规层面得到信任与认可;文化公益组织、独立文化工作者与文化创客则以动机为检验,凭借显见的付出与贡献博得乡民的认同;游客与潜在的利益相关者的凝视、体验与调研在深入了解乡村文化内涵的同时也加深了彼此的认同,提升了乡村文化再生产的层次与水平。基于共有精神的有效投入会深化认同、增进信任,而偏离共有价值的无效投入自然不会被认同。当不被认同或认同的基础要件破裂,就会转变为阻碍因素破坏信任关系,比如一些地方政府大搞政绩工程、形象工程,一些机会主义者在乡村肆意破坏,其行为很难获得乡村认同。要防止此类现象,就要不断地巩固信任基础,消除阻碍因素,以行动换取认同。由于认同具有过程性、阶段性和易变性,因此,投入也需要可以体察到的持续性。

---

① 郑建君,马璇.村社认同如何影响政治信任?——公民参与和个人传统性的作用[J].公共行政评,2021,14(02):135-153+231-232.

(二)表现层面:权益共享形成的互惠关系

参与多样性是利益相关者的典型特征。驱使这些异质者参与的动力是对参与回报的预期,它受权益分享与价值评估的影响,与贡献力度相称,是推动利益相关者之间达成互惠关系的主因。在一些乡村文化建设中,参与者对这种"参与增益"的诉求各有偏重,有的侧重于经济收益,有的侧重于社会效益,如形象的建构。因此,对不同的乡村文化建设利益相关者而言,互惠关系中收益所蕴含的意义各不相同。要形成互惠关系,就需要获得参与各方的认可与满足。一旦共享性不足,收益不均衡,就会因偏利而爆发权益冲突,从而导致互惠关系破裂与合作瓦解。为了确保延续性与公正性,构建相应的制度保障或道德约束是必需的。

权益在利益相关者之间流动,形成互惠关系,既有权力作用的结果,也有资源置换的回报。综合乡村文化建设的政策与实践来看,政府享有绝对话语权,凭借掌握的处置权、许可权、监督权等行政权力主导乡村文化建设,为他人提供制度保障,还借助权力下放、税费减免等"积极赋权"形式来分享权益,并通过公共文化服务机构统筹文化资源、提供均等化服务,借此达到保障乡村群众文化权益的目的;公共文化服务机构、文化公益组织、独立文化工作者、文化创客各自利用自身的服务能力参与乡村文化建设,以价值理念为使命,以服务为纽带与其他利益相关者搭建互惠关系;乡村作为本地原生文化资源的拥有者与接受者,享有资源转化带来的收益与所有权,往往在让渡权力、资源置换建设需求中与其他参与者建立互惠关系;文化企业与文化公益组织则以投入换取开发权与运营权,在权益交换中与其他利益相关者达成双效兼顾的互惠关系;城镇居民和游客的文化消费行为与乡村文化研究者、媒体工作者的文化探寻行为也会产生价值共创,形成互惠关系。权益分配主导着人与物的流动,互惠关系形成参与的纽带与动力。正如尤萨多洛(Usadolo,S. E.)和卡尔德维尔(Caldwel,M.)指出的那样:"大量证据表明,利益相关者间的互惠关系增加了他们对农村发展的参与。"[1]

---

① Usadolo,S. E.,Caldwel,M.. A Stakeholder Approach to Community Participation in a Rural Development Project[J]. SAGE Open January-March,2016:1-9.

(三)运营层面:共同创新创造的协作关系

对利益相关者之间的协作,哈斯(Haas,R.)提出了共同创新(Co-Innovation),即通过利益相关者之间合作,实现价值的共同创新。[①] 乡村文化建设是典型的多元合作创新模式。合作以乡村文化建设业务为主线,以政府为主导、乡村为主体,公共文化服务机构助推,文化企业、文化创客、文化公益组织等积极参与的形式展开;创新则是以本地传统文化为内核,吸纳一定外部文化元素,借助共同力量在文化的表现形式、内涵、传播方式上进行的升级与改造。共同创新打造出一种多主体、多层次、多形式的协作关系,既有战略层面的协作,又有业务层面的协作,既有契约式协作,也有非契约式协作,既有组织性协作,也有个体间协作,协作的内容涉及场地、资源、技术、信息、资本等多个方面。协作充分发挥了利益相关者的能力与优势,使其相互支撑,共同推动乡村文化创新。

协作是以信任关系为基础、以互惠关系为导向的人与资源的再分配行为,是全方位、全流程的协作。协作实现了资源分配的最优化,有利于显著加快乡村文化建设的进度,提升文化价值的水准。协作的目标是建设高质量乡村文化,打造乡村文化产业,以文化振兴乡村。协作的关键是系统的规划与合理的统筹安排,确保乡村文化建设有序开展。笔者曾赴浙江省丽水市各地乡村开展调研。在当地乡村文化大礼堂建设中,政府提供资金与政策支持,乡村贡献建设场地,文化馆为当地艺术团体提供演出指导与道具支持,当地的文化企业、外部志愿者与乡民一起举办文化活动,他们互惠协作、彼此支持,形成了多主体协作关系。

(四)核心层面:文化交融结成的包容关系

哈贝马斯(Habermas,J.)的文化间性阐释了不同文化在平等对话中产

---

① Haas, R. , Meixner, O. , Petz, M. . Enabling community-powered co-innovation by connecting rural stakeholders with global knowledge brokers: A case study from Nepal[J]. British Food Journal, 2016,118(06):1350-1369.

生共同文化的可能性。① 乡村文化建设同样存在着文化间性。当参与者携带不同类型的文化在乡村相遇时,乡村文化独有的地域文化元素以及蕴含的丰富人生哲学理念与多元、开放、有超越性的外部文化元素交融会产生兼具二者的文化共同体,从而赋予乡村文化新的活力,使乡村文化更具多样性、兼容性与跨文化特征。

这种跨文化碰撞与交融,既为乡村文化建设提供了前所未有的发展机遇,也为各利益相关方发挥作用提供了舞台与文化底蕴。政府引导意识形态融入乡村文化建设,在以指导思想形塑乡村精神面貌、引领乡村文化走向的同时也与地域文化深度结合,在在地化阐释中繁衍出富含乡土特色的革命文化、建设文化与发展文化;文化企业、文化创客因地制宜地引入现代城市文化,搭建起城乡文化融合的桥梁,赋予乡村现代文化空间想象,极大地拓展了乡村文化建设领域;拥有不同文化背景的文化公益组织、独立文化工作者在保护乡村文化遗产的同时,也为乡村文化注入了新元素,衍生出形形色色的特色文化,带来多元化的文化体验;游客、乡村文化研究者、媒体工作者、城镇居民的文化体验、阐释与推广,同样赋予了乡村文化新的内涵与发展契机。总之,碰撞后的文化融合包容了彼此的特色,为乡村文化创新提供了源源不竭的动力与内容。

五、如何进行权益调适?

乡村文化建设利益相关者之间的权益调适,是在保障基本权益的基础上,借助一定的协调机制与调节手段,让权益分配达到参与各方都愿接受的均衡状态。权益调适的目的是公平、公正地开展权益分配,让利益相关者在乡村文化建设中能各尽所能、各取所需,以此团结所有的利益相关者。调适是依照国家"建立健全把社会效益放在首位、社会效益和经济效益相统一的文化创作生产体制机制"的总体要求来开展的,具体可从以下两个方面展开:

---

① 张学昌.城乡文化共生发展的内在逻辑与推进策略——基于文化间性的视角[J].新疆社会科学,2019(01):88-95+147-148.

(一)乡村文化建设利益相关者之间的利益关系协调

建立权责明确的协调机制,协调利益相关者间的权益关系,是引导、组织、联结利益相关者携手共建乡村文化的必要手段。这种协作机制应以公平、合理的权益分配为基础,以增进互惠关系为手段,以构建文化建设共同体为目标。

首先,要搭建一个利益相关者彼此信赖的合作框架。这一框架应囊括所有的乡村文化建设利益相关者,能充分吸纳各种社会力量,全面统筹、协调确定的利益相关者、预期的利益相关者以及潜在的利益相关者三方的行动,自始至终地保障利益相关者参与权益分享。该框架应是一个以职能与权益诉求作为分工基础,以政策、法规、制度作为行为约束规范,以传统乡土文化与现代文化共荣作为价值导向,涵盖资金、人才、技术、资源等方面,涉及文化的生产、加工、传播等全过程的完整体系。在这一框架内,利益相关者能分享资源、共同协作、共享成果,彼此间形成良好的信任关系。

其次,营造"和而不同"的权益共享关系。要正确处理好文化事业与文化产业、公益性与经营性、政府与市场、公共资源与社会资本、经济效益与社会效益之间的关系,充分发挥地方政府、区域合作组织、乡贤组织等基层协调机制的作用,营造"和而不同"的权益共享关系。要在利益相关者的合作框架内搭建交流平台,让利益相关者的权益关切能得到彼此的理解与认同,鼓励利益相关者之间对接帮扶,多方联动持续深化互惠关系,增进利益相关者之间的利益联结与权益共享。

再次,运用管理手段协调权益分配,改善协作关系。哈里森和圣约翰认为管理利益相关者有两种基本态度:减缓和搭桥。减缓是利用低交互容纳影响,搭桥则是建立长期互动关系。[①] 对乡村文化建设而言,应双管齐下,既要建立项目责任清单制与多级审查机制,规范协作流程与任务分配,利用政策、法规、制度等为确定的利益相关者与预期的利益相关者提供制度保障,实现权、责、利透明化以减缓矛盾,还要利用听证会、委员会和第三方组织在

---

① 爱德华·弗里曼,杰弗里·哈里森,安德鲁·威克斯,等.利益相关者理论现状与展望[M].盛亚,李靖华,等,译.北京:知识产权出版社,2013:91.

确定的利益相关者、预期的利益相关者以及潜在的利益相关者之间搭桥,就权责分配进行商洽与协调,化解因乡村文化建设引发的各种权益争端,促进他们相互协作。

最后,发挥文化纽带作用,强化文化认同与文化交流。乡村文化建设说到底仍然是以传统文化为基础的文化生产与传播活动。只有对传统文化产生文化认同,对传统文化的发展充满自信,才有可能让利益相关者找到实现人生价值的成就感,才有可能真正搞好乡村文化建设。因此,要不断加深人们对乡村文化建设的认同,强化利益相关者之间的信任,对彼此的文化理念持包容态度,以文化纽带吸引和聚集各方人士建设乡村文化。既要发挥传统文化在利益相关者之间的向心力,传承已有的乡风文明,还要公平、公正、客观地看待文化多样性,积极汲取优秀的外来文化元素,为乡村文化增添新内涵。

(二)乡村文化建设利益相关者之间的权益平衡

乡村文化建设利益相关者之间的权益平衡机制,是借助制度、分工与协商等手段,在利益相关者间达成的一种有效的权益分配方式,使利益相关者的投入与回报达到一种相对均衡的状态。权益平衡机制建立的目的是公平、公正地处理好乡村文化建设利益相关者之间的权益纠纷,打造和谐共生的乡村文化建设局面。为此,应重点抓好以下三个方面:

第一,以制度保障权益分配均衡。乡村文化建设应建立一个权责对等的权益分配制度,明确参与方的权利与责任,公平、公正地满足利益相关者的权益诉求,使统筹事务、协调利益、合理分配制度化。首先,要细化乡村文化建设者,实施分类指导与有针对性的差异化政策,逐步消除权益分配中对利益相关者存在的各种政策障碍、制度障碍、身份障碍,维护权益分配的合法性、合理性与公平性。其次,要建立以乡村文化建设为中心兼顾各方权益诉求的监管体系,既要对乡村文化建设中具有重要价值的自然资源、古建筑、文化遗产以及资金等进行统筹安排,也要将预期的利益相关者纳入监管之中,突破权益分配"单方制定"的牢笼,避免因审核缺位造成的偏利现象。再次,要将网络技术、智能化手段与科学管理相结合,不仅要以技术提升乡村文化建设水平,还要利用技术的精细化管理主导乡村文化建设的权益分配,减少分配中人为添加的阻碍因素。

第二,推动效益转化,夯实权益分配的成果。要致力于开发乡村文化的价值,强化资源、资产、资金、股本之间的转变与融通,孵化乡村文化产业,夯实利益相关者的权益分配基础,让参与者的权益得到切切实实的体现。一方面,要抓住国家发展乡村文旅、推动乡村电商、振兴乡村的契机,引导文化企业、文化创客做大做强乡村文化产业,利用媒体工作者、游客、乡村文化研究者打造乡村文化品牌,以持续可观的收益回报参与者。另一方面,要引入价值评估手段,对乡村文化价值进行公平、公正的评估,因地制宜地平衡好利益相关者的经济效益与社会效益,让权益分配落到实处。此外,还应以政策优惠、资金激励、名誉奖励等补偿手段,填补因各种不可控因素导致不均衡分配所造成的权益损失,让互惠关系在乡村文化建设中得以维系。

第三,推动价值治理与能力提升,降低非均衡性。要依照国家"建立健全把社会效益放在首位、社会效益和经济效益相统一的文化创作生产体制机制"的总体要求,树立正确的价值观引导权益分配,使权益分配凸显出传统文化价值的内涵与崇尚科学的发展理念,推动乡村移风易俗。同时,还要强化利益相关者的能力建设,避免权益分配的偏颇行为。欧达(Ouda)认为,利益相关者的能力建设能帮助利益相关者群体实现其项目。[1] 当前,跨文化交流、数字技术突破与跨媒介叙事的多重叠加为乡村文化的生产与传播融入了许多新元素、新内容与新形式,有些甚至脱离了乡土结合的基础,这需要利益相关者掌握并运用好新知识、新技术与新手段,加强新媒体生产能力、多主体协同能力、网络运营推广能力建设,在乡村文化建设的权益分配中维持均衡,避免权益分配产生偏颇行为。

---

[1] Quda,J. B.,Peter,M.,Najoli,E. K.,et al. An evaluation of stakeholder capacity in the implementation of millenium village primary school meal project[J]. Evaluation and Program Planning,2019(72):179-187.

第三章

乡村文化空间的生产、消费与重构

空间是一个日常概念,也是一个哲学概念。日常生活中的空间常常被看作一个领域,里面集纳了所有相关的事物与活动。与此同时,空间也常常被人们任意搭配,在生活中形成不同的概念与意涵,让人有些捉摸不透,但又随意借用。空间既是行动的空间、互动的空间,同时也是表达的空间、权力的空间。尽管空间如此常用,涉及范围如此之广,但在学术研究上,空间长期被忽视,"表征性的空间消失在空间表象之中——后者吞并了前者;空间实践连同整个社会实践,一起被束之高阁"①。直到法国著名思想家亨利·列斐伏尔的《空间的生产》面世才引发了广泛的空间研究的转向,让空间在哲学上乃至社会科学、传播学等学科上得到广泛认可。列斐伏尔极富批判性的思想建构了空间理论,重新梳理了空间在社会发展中的重要作用,阐释了社会空间生产的本质是生产关系的生产和再生产,是极具代表性的空间批评思想。尽管哲学概念上的空间至今仍有着不同的理解与表述,有的将其表示为一种存在状态,也有的将其看作事物与活动的一种寄存方式,但对哲学家与社会学家而言,空间有着非凡的生活意义与理解意义。正如列斐伏尔所言,"空间概念连接了精神与文化、社会与历史,它重构了一个复

---

① 亨利·列斐伏尔.空间的生产[M].刘怀玉,等,译.北京:商务印书馆,2022:587.

杂的过程:发现—生产—创造。"①"空间是任何社会关系得以存在的具体方式与基础。"②马克思在《资本论》中认为:"空间是一切生产和一切人类活动的要素。"正因为空间具有典型的社会性,因此,空间内的事物具有重要的使用价值与利用价值,成为大家共同取用的对象和试图控制空间内事物的工具。

为什么要从空间维度来看待乡村文化建设问题?事实上,要解决乡村文化建设的公共性问题,有两个方面可以入手。一是从具体的乡村文化建设案例入手,从个案分析到一般理论推理的演进中发展出公共性,但其很容易忽视个案存在的背景以及个案之间的相互影响所产生的各种变异,从而容易产生看似正确实质错误的结论。因此,从个体论证公共性而言有显著的局限性。另一方法是从一个整体入手,考察整体范畴内乡村文化建设各种因素的影响与流变,从而探讨公共性问题。这个方法具有一种全局视角,能够从整体入手考察内部各个因素,比较符合现实的情况,具有一定的可行性。从空间的视域来看,空间内不仅有物质性资源的流动,还有精神性的文化交流,复杂的内部流动缔结着各种社会关系,盘根错节、相互交织。乡村文化受自然因素的影响较大,具有典型的地域性,受时间与空间左右。乡村文化的多样性、空间性、综合性需要我们从立体、多维、整合的视野来全面看待,而且乡村非常注重空间特性塑造,存在着大量的自然空间与人为空间,从这一点而言,空间维度非常适合来解决乡村文化建设的公共性问题。更进一步,中国现代化的乡村文化建设为乡村带来巨大的变革,推动乡村文化空间历史性的转向,形成了新时期乡村文化建设的新型发展模式。正如列斐伏尔所言,"先在的空间不仅支撑着持久性的空间安排,也支撑着表征性空间以及与之相伴随的想象的和虚构的叙述——也就是通常所说的'文化模式'"③。因此,空间视域下的乡村文化建设,符合乡村的实践性与问题阐释的理论性,可以作为研究分析的视域。

---

① 亨利·列斐伏尔.空间的生产[M].刘怀玉,等,译.北京:商务印书馆,2022:23-24.
② 亨利·列斐伏尔.空间的生产[M].刘怀玉,等,译.北京:商务印书馆,2022:590.
③ 亨利·列斐伏尔.空间的生产[M].刘怀玉,等,译.北京:商务印书馆,2022:339.

一、一种公共性的生产

列斐伏尔独具慧眼,将社会空间纳入哲学的范畴,从空间来思考、解决哲学的基本问题。他是这样看待社会空间的:"它容纳了各种被生产出来的物以及这些物之间的相互关系,即它们之间共存性与同时性关系——它们的(相对的)秩序以及/或者(相对的)无序。空间是一连串和一系列运转过程的结果,不能将其归结为某个简单的物的秩序……作为自身以往活动的结果,社会空间容许一些新的活动发生,它既在支持一些活动,同时又在禁止另外一些活动。"①为了解决方法论问题,列斐伏尔基于空间本体论建构了一个"三位一体"的社会理论框架,提出"空间的实践""空间的表象""表征性的空间"三种不同的空间关系,从而组建了关于空间理论的方法论,并就空间的取用提出了许多令人惊叹的观点。列斐伏尔的三元辩证法是"三位一体"方法论,是关于空间生产的方法论,暗含着实践、意向、生活的三重关系,即实践产生意向、意象决定生活、生活体现实践。三元辩证法的出发点是社会生产实践,同时包含有构思的空间,即精神构造和想象的空间,因此,在列斐伏尔眼中,空间既是社会的又是精神的,既是具体的又是抽象的。在列斐伏尔的空间视域下,"物—人—社会"的三元辩证关系得到了统一,并借助三元辩证法的统一,将空间的作用发挥出来,"空间的能动作用被理解为操作性和工具性作用,作为现存生产方式中知识与行动的作用"②。

尽管列斐伏尔的空间理论重点放在对资本主义生产关系的分析上,很少谈到公共性这个基本问题,但正如列斐伏尔所言,"社会空间研究涉及的是一种整体性",这种整体性的归纳毫无疑问说明它是一个关于集体生产的理论,它关注的是集体的行为与活动,而不是单一个体的自我行为与想象。因此,在空间生产理论的视域下,公共性本身就是社会空间生产的产物,空

① 亨利·列斐伏尔.空间的生产[M].刘怀玉,等,译.北京:商务印书馆,2022:109-110.

② 亨利·列斐伏尔.空间的生产[M].刘怀玉,等,译.北京:商务印书馆,2022:17.

间生产的目的是按照统治者的要求制造社会公共性,并让所处空间的各类群体接受这一公共性,遵照公共性的要求来统一行为。

首先,空间的生产是基于统治阶层的意志,空间生产的目的是维护统治关系,让人们接受统治,而统治必须是集体层面的统治,它具有强烈的公共性。列斐伏尔明确告知,空间是生产出来的,是社会生产的产物。空间的生产是按照统治阶层的意志来实现的。统治阶层借助对空间生产的操控,实现对空间的宰制,进而主导着空间生产的各类行为与结果,其中就包括了公共性。列斐伏尔探讨空间价值时就明确过,"对于恢复空间的使用价值贡献最大的,是空间的政治性用途;政治性用途依靠资源、空间形态和战略来达到其目的"①。因此,对统治阶层而言,"空间既是手段又是目的,既是知识又是行动,既是自然的又是政治的"②。空间的生产就是为了操控各种公共性而存在的。所以,列斐伏尔才会得出这一经典结论,即空间的生产是社会关系的再生产。他认为,"在空间实践中,社会关系的再生产是居于重要支配地位的"③,资本家只有借助社会关系的再生产才可以达到维持资本主义社会生存的目的。

依照列斐伏尔的观点,常见操控空间生产的手段有空间的规划、空间资源的控制、空间功能的设置以及空间生产关系的调配等,其目的在于安抚、引导、阻止各类生产关系的建立与废止。空间的规划主要是一种目的性、导向性的秩序规划,规定了"原初"群体所占用的空间的各种秩序及其表达,即成员应遵循的社会规范。空间的生产依靠空间规划设定的路线与方向来开展。空间资源的控制则是设定取用与支配空间内各种资源的权限,并利用资源的供给来控制空间的生产,甚至包括人员的转移与物资的流动。空间资源的控制既包括物质型的资源,也包括非物质空间资源,是空间组成要素的调整与分配。空间功能的设置主要从生产与消费的视角出发,对空间各个格局的具体功能进行挑选、安置,以达到按照空间规划的要求实现高效运转的目的。空间生产关系的调配主要通过利益关系来调整生产关系,往往

---

① 亨利·列斐伏尔.空间的生产[M].刘怀玉,等,译.北京:商务印书馆,2022:524.

② 亨利·列斐伏尔.空间的生产[M].刘怀玉,等,译.北京:商务印书馆,2022:368.

③ 亨利·列斐伏尔.空间的生产[M].刘怀玉,等,译.北京:商务印书馆,2022:76.

借助政策、资金、技术等手段从社会运行机制入手。空间的操控会带来空间的霸权,会出现一个利益群体控制另一个利益群体甚至多个利益群体的现象。空间的操控让空间逐步剧场化、舞台化、场景化,成为控制的舞台。同样,空间的霸权会为空间带来分裂、脱节、冲突、失衡、矛盾等,甚至造成空间的分崩离析。

无论如何,空间的操控都具有一定的欺骗性。列斐伏尔认为,它是被掩盖的,这种掩盖使空间的生产具有一定隐藏性。在《空间的生产》中,列斐伏尔重点揭露对"绝对空间"的各种掩盖。他认为,"坟墓和葬礼的纪念室属于绝对空间"①,绝对空间隐藏着秩序的潜移默化,而秩序包含有结构与规则,"绝对空间的确是一个空间,既是精神的又是社会的,两者密不可分,它包括相关群体的整个存在,只能这样理解它"②,"绝对空间既有宗教的规定性也具有政治的规定性,认同和模仿"③。他还认为,"绝对空间凝聚和停靠着(似乎至少得停靠着)所有正在传播的力量"④,这些力量是未来掩盖对空间的各种操控。事实上,这一点同样发生在文化空间中,并且有一点无法否认,即许多绝对空间已经成为文化空间的一部分,文化空间的使用价值同样包含有政治性的功能。"在福柯那里,空间既是权力争夺的物质场所,同时也是权力运作的实施媒介,福柯的空间规训思想集中体现在1975年出版的《规训与惩罚》中,主要思考权力如何通过对空间的精妙设计和监视而达到社会治理的政治目的。空间规训本质上体现为对空间可见性的生产"⑤。列斐伏尔同样也认为,"意识形态就其本身而论,可以说主要地内在于社会空间的话语之中"⑥。

其次,尽管存在着私人空间,但空间的编码与解码是基于公共的符码进行的。因此,从符码的视角来看,空间是一个不折不扣的公共场域。列斐伏

---

① 亨利·列斐伏尔.空间的生产[M].刘怀玉,等,译.北京:商务印书馆,2022:347.
② 亨利·列斐伏尔.空间的生产[M].刘怀玉,等,译.北京:商务印书馆,2022:354.
③ 亨利·列斐伏尔.空间的生产[M].刘怀玉,等,译.北京:商务印书馆,2022:348.
④ 亨利·列斐伏尔.空间的生产[M].刘怀玉,等,译.北京:商务印书馆,2022:346.
⑤ 刘涛.社会化媒体与空间的社会化生产——列斐伏尔和福柯"空间思想"的批判与对话机制研究[J].新闻与传播研究,2015,22(05):73-92+127-128.
⑥ 亨利·列斐伏尔.空间的生产[M].刘怀玉,等,译.北京:商务印书馆,2022:67-68.

尔将空间分为三个层次：公共领域、中间领域、私人领域。公共领域包含有公共化的公共领域、公共化的中间领域、公共化的私人领域，中间领域包含有中间层次的公共领域、中间层次的中间领域、中间层次的私人领域，私人领域包含私人性的公共领域、私人性的中间领域、私人性的私人领域。① 从中可以看出，这三个领域都存在着一种公共性领域，反映了公共领域与私人领域的相互交织，存在着共性。

与之相同的是，空间的符码同样具有典型的共性。空间的符码源自对空间的凝视带来的空间想象和自我反思，它是对空间内预设信息的解读。空间符码主要由被赋予意义的事物和赋予意义的事物构成，用语言符号以及物质化的文本指代，有知识的符码、情感的符码、象征的符码、阐释的符码等各种超越原物的"超码"。符码的存在是为了创造共识，实现情感、思想、消息、知识的传递。因此，编码与解码是基于双方共同的认知与意识，源自长期的教育与培训。正是在编码与解码的作用下，空间内的各种原料在符码作用下与认知、意识联结起来，将实践的空间演变成为理解空间，于是，空间的生产与空间的消费实现了有效对接。作为被编码和被解码的实体，空间原有物在参观者的解码下变成一个参照物，空间的社会性和政治性被自然化了，掩盖了真实的意图。因此，符码是否体现了它本身的意义，还是被转移的视线，依赖编码者的伪装。无论任何符码，都存在着各种权力的控制，"符码是针对特定的社会而特殊制定的，事实上，它们规定了一种社会的从属关系"②。换言之，空间成为被支配的空间和被取用的空间是因为存在着共同的符码，且能被阅读者解码。正因如此，列斐伏尔才会说，"国家掌握的符码"③。不可否认，无论空间符码如何解构，抽象空间（民族、性别、年龄）都发挥着积极性作用或否定性作用，它将空间的意象转化为有意识的活动，通过抽象化实践与参与者的感知，在充满符号的"符号世界"中树立一个抽象空间。

再次，空间是一个叠加的空间、组合的空间，同时也是继承的空间，空

---

① 亨利·列斐伏尔.空间的生产[M].刘怀玉，等，译.北京：商务印书馆，2022：227.

② 亨利·列斐伏尔.空间的生产[M].刘怀玉，等，译.北京：商务印书馆，2022：315.

③ 亨利·列斐伏尔.空间的生产[M].刘怀玉，等，译.北京：商务印书馆，2022：237.

间内的元素具有公共性。正如巴什拉（Bachclard）所言，"存有即是一种价值"①，空间内每一种元素都有其存在价值。空间之中各个元素之间在长期共存期间形成了相互依赖、相互支撑的关系，并在不同时期按照不同需求方式巧妙地组合起来，形成一个丰富多彩的空间结构。"每种空间化的机制都立足于各种智慧的并置，立足于那些来自于我们同时生产出的要素的物质性组合。"②空间继承了空间历史上遗存的各种内容，并将其融入现有的空间，汇集在未来的空间中。总的看来，空间的继承、叠加、重组是空间生产的根基与方式。空间依赖继承、叠加、重组而存在。当然，叠加的空间存在着两种相互作用的现象：集体行为驱使个体行为的现象与个体行为转化为集体行为的现象。正因为空间的可叠加性，因此，空间充分利用各种公共的资源，本身也成为公共资源后叠加到下一个阶段。空间的叠加性使空间具有极大的改造空间，因而彻底成为多种力量共同支配的对象。被支配的空间彼此间也相互渗透、相互转化，背后的原因正是空间内的资源具有公有性，能够被不断地取用，才会让空间叠加制造出空间迭代。因此，空间常被叠加上商业元素，从而服务于资本的需求。正如列斐伏尔所言，"他们既可以享用这个空间又可以对它进行修改"③。

同样因为空间是一个叠加的空间，所以空间具有整体性，"生产过程及其产物将它们自身呈现为两个不可分割的方面，而不是两个可以相互独立的概念"④。整体性既体现在空间内各种原材料之间维持的一致性，也体现在空间内部生产关系维持的整体性，否则空间会发生变异，产生区隔，从而发生质变，形成新的空间。因此，当空间生产受商业化驱使而被规划与筛选，出现同质化、碎片化时，空间的系统性就受到了破坏，导致空间认可度发生迁移。因此，我们经常看到，一个热度很高的自然空间，在网络上成

---

① 加斯东·巴什拉.空间的诗学[M].龚卓军，王静惠，译.北京：世界图书出版公司，2016:31.

② 张一兵.社会空间的关系性与历史性——列斐伏尔《空间的生产》解读[J].山东社会科学，2019(10):24-30.

③ 亨利·列斐伏尔.空间的生产[M].刘怀玉，等，译.北京：商务印书馆，2022:54.

④ 亨利·列斐伏尔.空间的生产[M].刘怀玉，等，译.北京：商务印书馆，2022:438＋57.

为大家心中的梦想之地，一旦商业化后就遭遇大量的吐槽，原因在于空间商业化后，其空间的内容发生了较大的质变，与大众心中的想象空间相距甚远。

空间的公共性生产是空间实践的结果，也是权力驱使的必然。依照列斐伏尔的界定，"空间实践因此可以同时被定义为：（1）场所——局部和全局的关系；（2）这种关系的表象；（3）行为和符号；（4）日常生活的琐碎空间；（5）以及与上一条相反，空间被象征性的手段变得特殊化，它成了称心的或不称心的、善的或者恶的、被特定组织所赞许的或禁止的"①。正是因为空间的实践性，空间具有可塑性，使其具有潜移默化的教育功能，"空间是实践的支座，实践不仅包括概念的运用，还包括误解、盲目和亲历经验的见证，等等"②。空间的这种潜移默化的塑造目的是培育习性。习性生产是一种特定的生产，它让包含有意识形态的公共性成为生活中自然而然的所有人都应遵循的规范。"习性——作为一种存在方式暗含了使用和享受的权力。"③空间的公共性生产使看似平静的取用背后存在着权力支配。各种不同力量都在空间中发挥出自身的优势，凸显自身的存在与影响。因此，列斐伏尔认为，"绝对空间凝聚和停靠着（似乎至少得停靠着）所有正在传播的力量"④，"在权力运作的支持下，实践的空间成了规范和强制的执行者"⑤。

总之，空间的生产既是生产关系的再生产，也是公共性的再生产。借助空间的生产，公共性在空间成为权力支配的工具与手段，潜移默化地影响着人们在空间的行为，也主导着空间内资源的流动。正因为空间的生产是公共性的生产，才让空间内的行动具有可塑性，才能引导空间的走向，引导社会的发展。只有把握住空间生产的公共性，才能更好地调控空间、引导空间、发展空间。

---

① 亨利·列斐伏尔.空间的生产[M].刘怀玉，等，译.北京:商务印书馆,2022:426.
② 亨利·列斐伏尔.空间的生产[M].刘怀玉，等，译.北京:商务印书馆,2022:438.
③ 亨利·列斐伏尔.空间的生产[M].刘怀玉，等，译.北京:商务印书馆,2022:382.
④ 亨利·列斐伏尔.空间的生产[M].刘怀玉，等，译.北京:商务印书馆,2022:346.
⑤ 亨利·列斐伏尔.空间的生产[M].刘怀玉，等，译.北京:商务印书馆,2022:572.

二、乡村文化空间的生产

空间容纳着文化。空间不仅是人的生活空间，还是文化滋生、传承、发扬的空间，蕴含有优秀的传统文化因子，接纳着外部异构文化成分，融合有不同民族的文化元素。依照列斐伏尔的观点，文化被理解为空间的质性，它依托于特定的空间基础。文化生产是一种特定的社会生产，源自各种认知欲望、统治欲望、感知欲望（好奇、野心、感性）的驱使。从空间的视域来看，文化生产属于精神的空间生产。"这里就涉及一种生产——空间的生产。不仅是一种观念的、理想的空间，也是一种社会的、精神的空间。是一种浮现。是一种对先前空间的破解。"①空间中既有物质的文化生产，需借助感官体验才能获得空间意向，实现思想、观念的转移；也有非物质的文化生产，以一种约定俗成的活动形式存在或以一种技艺的演示过程流传。空间的文化展示了空间的连接性——一种精神的交流。于是，文化成为空间内各种元素的纽带，利用文化的内化与外化来影响空间。

文化空间的生产不仅是文化产品的生产、文化生产关系的再生产，还是社会空间的生产。空间的各项特性同样作用在文化空间上，最重要的公共性同样属于文化空间生产的范畴，而且相比其他空间的生产而言，其公共性更加凸显，以至于难以被任何人私藏。受空间叠加性的影响，文化空间的累积效应发挥着重要积淀作用，让空间内的文化拥有深厚的内涵，因此，文化空间是原初的积累形成的积累的空间。文化空间源源不断地生产各种文化符号，并依赖大量的符号群体，通过所指与能指，或者对所指与能指的置换和颠覆，实现利用文化影响行为的目标。文化的诱导作用对空间的塑造具有巨大的推动力和杀伤力。因此，必然存在着意识形态对空间内文化元素进行意识评价与改造。这种富含意识形态的评价的核心基础可以归集为价值判断，即通过核心价值观对传统文化展开阐释与解读，在文化传递中实现价值观念植入，从而引导空间文化理解的走向与结果。因此，文化空间存在

---

① 亨利·列斐伏尔.空间的生产[M].刘怀玉，等，译.北京：商务印书馆，2022：385.

着显著的价值观指向,它诱使政府按照一定的意图去引导、放大、批判、改造,以维持空间的稳定状态。文化空间的价值指向阐释了文化空间同样是文化冲突的表现场所。于是,文化空间与秩序联系在一起,文化空间塑造秩序,而秩序反过来影响文化空间,为文化空间治理奠定基础。可以说,文化空间造就了一个精神习惯或习性,从一个精神空间衍生出一个社会空间,进而作用于空间内的人和物。文化空间的搭建有助于调控文化冲突,推动文化融合,产生新的文化形态。

乡村文化空间是以乡村为地理范畴的文化空间,蕴含乡村特有的文化精神内核,反映着乡村中人与自然的相互关系所映射的物质、精神、生活的统一体。它是乡村文化的重要组成部分,是一种跨时空的文化记忆、保存、表现形式,是乡村文化在"时间—空间"的交汇处,包含有乡村交往、住居、产业的综合性场域,能增加对传统文化生产的感知、理解与认同,由生产生活景观、建筑景观、文化景观等组成。乡村文化空间特定的地理空间特性使其具有独特的人文价值,其原生性、真实性和可感知性深切地展现了传统文化在乡村孕育出的特有的空间关系。乡村文化空间的变迁对乡村文化的继承与发展极为关键,尤其是对历史悠久、遗存雄厚、文化典型的传统村落而言,其乡村文化空间更凝聚了大量有传统文化元素的实物形态化石,被誉为一种"纯粹的""自足的"知识,"具有较高的历史、文化、科学、艺术、社会、经济价值",是民族的、特色的与时代的样板,担负着传承乡土文化的重任。传统乡村文化空间是基于农业生产活动,建立在乡土社会基础上的文化生产关系,其目的是维系原有的乡土社会与乡村这一集体内部的稳固,所立足的资源仍是原有的文化继承(累积)与自然资源的逐步开发。进入 20 世纪后,新媒体技术势如破竹,取代了许多长期留存的文化传承方式,在乡村逐步得到了广泛的应用,为乡村文化带来新的发展面貌,而社交网络同样破除了乡村文化原有单一的口耳相传形式,为乡村文化传播插上了飞翔的翅膀。我们不可否认,无论技术怎么迭代更新,乡村优秀传统文化元素始终是乡村文化空间的根基。尽管社会进步推动着"新乡土文化"的不断出现,乡村优秀传统文化元素在现代化迭代中同样诞生出了许多新的文化内涵,其价值引导作用始终未有改变。当然,在外部力量的介入后,乡村文化价值的构建与传承受到一定的冲击,乡村文化空间的认知也发生了一定转移。对乡村文化而言,乡村文化空间就是它的一种真实"存在",而非为了展示,其文化内核始终不变。

依照法国社会学者哈布瓦赫的集体记忆概念来看,乡村文化空间是乡村的集体记忆,反映的是乡村的生活方式。本质上,乡村文化空间为人们提供了基本的生活资料,满足精神上的需求。乡土文化孕育守护着民族文化的精髓,因此,冯骥才先生将其比成民族根性的文化。它表明,乡村文化空间是传统文化展示的窗口与栖息的场所,传统文化依托于特定的空间基础,如教堂、寺庙、堡垒等,构成自身的文化模式,引导村民的日常生活习性。当然,乡村文化空间在传承传统文化时同样受传统文化所约束。新空间的打造打破了原有的空间约束机制,对原有乡村文化空间进行了变革与再造。有一点我们要清晰地认识到:即使新空间对旧空间进行全面的"破解""化解"与"超越",但原有空间的残留物依然存在;即使原有文化的象征体系被割裂、破坏、改造,甚至被清除,但在日常行为中还是能找到其藏匿的痕迹,"空间的残留物不仅使二重意识形态幻觉(不透明/透明)或为可能,也使负载得多的指涉和替代成为可能①。这也对应了前面"空间是一个叠加的空间"的言论。依照列斐伏尔的三元辩证法来看,乡村文化空间的"感知的空间"对应于自然空间要素,是物的因素,"构想的空间"是关联的思想活动,是人的因素,对应于乡村文化建设的规划,"活生生的或亲历的空间"对应的是文化空间的消费与体验,三者在乡村实现了"物—人—社会""自然—精神—社会"三元辩证关系的统一。

乡村文化空间的生产是为了弘扬优秀的传统文化,吸纳外部有益文化,为乡村现代化建设赋能。乡村文化空间的生产既有传统文化生产的投入,承袭协助农业生产所需的各类文化改造活动,维系乡土社会所需的本地文化投入,也有外部文化生产元素的引入、外部文化资源的供给,以及外来文化资本投入所携带的商业文化,等等,都极大地改变了乡村文化空间。从这一点来看,乡村文化空间的演变实质是各种文化原料在某"时间—空间"点联结的结果。对乡村文化空间的生产而言,通过乡村文化空间的自我表征和自我再表征,构建适宜乡村文化发展的社会空间是其根本目的。因此,对乡村传统文化的阐释从文本阐释、话语阐释转移到空间阐释(解码),实现了

---

① 亨利·列斐伏尔.空间的生产[M].刘怀玉,等,译.北京:商务印书馆,2022:343.

认知从文本到实践的升华,是其发展的主线。这也决定了本地村民作为生产主体是乡村文化发展的必选项。换言之,主体性既是村民能动性的体现,又是乡村文化发展的必然要求。但乡村不是封闭的乡村,对外部有益文化资源的取用从未间断,而非那种舍弃传统文化元素、盲目移植现代化的偏激做法。这既避免了乡村文化空间生产的异化与同质化,又迎合了时代发展的需求,同样是乡村自我发展的诉求。总之,传承文化,塑造乡风,构建集体规范与共同信仰,等等,所有围绕着行为规范的意识掌控都体现在乡村文化空间中,它们时刻在形塑着乡村文化空间,且相互交织,构成了乡村文化空间的生产。

乡村文化空间的生产是主体能动改造空间的实践。这种实践内容可以是"物质环境的实体改造、文化场所的前后台分异、精神空间的调整改变"①。空间实践让乡村文化空间的流变性急剧扩大,在变幻中不断地调整和重塑着空间内的社会关系,在群体之间传承与传播着乡村文化,形成乡村文化的生产与再生产的持续运作。当乡村文化空间吸纳足够多的其他精神或文化元素,会让乡村文化空间展现出许多颠覆性特征,甚至会诞生出多种文化并行的空间实践,展现出高频的空间流变。比如旅游消费主义的热情会拉动空间的转向,推动传统的乡村文化空间向文旅方向演进,在集体的领域,从原来满足生产、交流、日常生活的需要,逐步改造为适合文旅的需要。由此,乡村生产由传统的农业生产转变为体验生产、视觉生产,以创造愉悦感、满足感为主。"在旅游实践行为的作用下,乡村文化空间指向了一种娱人(游客)和娱己(村民)相结合的双重功能空间,由旅游需求和约定俗成的乡约逐渐形成了'前台'与'后台'的场所分异。"②这一点在后面的乡村公共文化空间将被继续探讨。空间的实践让乡村文化空间演变成为行动的场域与行动的基地,既是现实的也是潜在的。因此,乡村文化空间的规划与生产暗含着对乡村发展观的理解。如果不加以引导,容易造成乡村文化空间发展的断裂与扭曲,或因同质化而失去特色。同时,统筹性的战略引导能落实

---

① 胡静,谢鸿璟.旅游驱动下乡村文化空间演变研究——基于空间生产理论[J].湖北民族大学学报(哲学社会科学版),2022,40(02):99-109.

② 胡静,谢鸿璟.旅游驱动下乡村文化空间演变研究——基于空间生产理论[J].湖北民族大学学报(哲学社会科学版),2022,40(02):99-109.

空间的社会责任与政治要求,让乡村文化空间变成社会治理的空间。为了更好地引导乡村文化空间的生产,国家早已从顶层规划出发,在乡村全面普及了社会主义文明实践站,为乡村文化生产提供了实践场所。换言之,社会主义文明实践站就是政府在新时期为乡村价值观生产提供的规划空间,它以社会主义核心思想为内核,在批判旧有的社会风气、传承优秀传统文化元素、吸纳西方有益文化的基础上,打造出地方特色文化平台,成为新时期地方特色文化空间的构建者、缔造者与容纳者。毋庸置疑,"它需要通过'相关利益各方'进行积极的、大规模的参与来实现"[①]。总之,乡村文化空间的主体实践既有对传统自然资源的取用,也有意识形态的嵌入,同时还有新型文化形态的引进。因此,我们要避免为迎合网络潮流的需要而随意添加一些低劣的文化元素,同样要避免在乡村文化建设中丢弃我们拥有的宝贵的优秀传统精神内涵,让乡村文化空间生产出现异化或失去特色。

网络社会化带来新的空间生产,对乡村文化空间的影响更加多元,对文化空间的操控也更加直接。借助信息化手段,文化空间的内容被筛选、分拆、重组后提炼、加工、转化为视频、图片等虚拟物,在虚拟空间上重新展示。于是,被构想之物与被感知之物实现了有效连接,将注意力从现实转移到虚拟空间,赋予文化空间更多的精神寄托,从而用精神的、抽象的空间阅读替代了现实空间的实践。尽管操控后的虚拟乡土空间与原初的空间存在一定的差异,但局部传播的特性被网络裂变式的传播方式有效地打破了,导致空间影响力在网络上的急剧扩张催生了许多网红地。作为现实空间的衍生物,虚拟乡土空间可以让离散的乡土文化实现自主归拢,让脱离乡土的人们可以在虚拟空间重温乡村的魅力,感受乡村文化的精神与价值。虚拟乡土空间不仅是对原初文化空间的展示、破解、化解甚至超越,有时还能借助增添网络符号元素产生颠覆性的意境。在数字技术作用下,构想之物与直接经验之物之间的碰撞形成了奇特的效应,乡村文化空间从单一展示空间走向更广阔的现实与虚幻之中,变得更加具有透明性、可近性和可感性。

---

① 亨利·列斐伏尔.空间的生产[M].刘怀玉,等,译.北京:商务印书馆,2022:618.

三、乡村文化空间的消费

在列斐伏尔看来,"每一种空间都是被生产出来的,从而服务于某一个目的。每一种都要被耗尽或被消费,有时是非生产性的消费,有时是生产性的消费"①。换言之,空间的消费是空间生产后的必然结果,其对空间的生产具有重要的导向作用。从分析的对象来看,空间的消费是一个长期被忽视的研究对象,即使在列斐伏尔那里,空间的理论重点也被放在对空间生产的阐释上,而空间的消费却被有选择地忽视了。事实上,空间同样是生产资料的一部分,满足精神需要与身体需要是"空间特质"。这一点列斐伏尔早已经阐明了。空间中不仅有物的消费,还存在着精神的消费。空间既是生产性消费的对象,也是非生产性消费的对象。空间消费的激励作用是诱导空间生产的主因。没有空间的消费,就没有空间的生产。

事实上,对空间生产的理解实质上包含了对它消费的理解,二者相辅相成,共同体现在空间内的各种活动中。乡村文化空间的消费是消费主体对乡村文化空间内的各种内容依照自身的知识与经验进行解码,形成自己的空间意象,从而实现了从空间的实践到空间意象的转移。作为一种文化消费,乡村文化空间的消费因为存在着不同的解读导致消费的目的与方式存在着显著的差异。从消费主体出发,它存在着两种最为直观的消费:一种是乡村群体的自我消费,另一种是外来参观者的消遣消费。前者是一种习性消费,是为了产生从事相关文化生产的自觉性,后者是一种视觉与体验消费,目的是获取信息以消除臆测并产生精神愉悦。

乡村群体对乡村文化空间的自我消费是乡村村民自身的文化消费行为,是为了满足自身的精神生活需求。自我消费是村民的本地文化消费,是一种习性消费,它既受制于自身日常生活习惯要求,又借助自我消费培育了习性。文化消费升华了村民的主体意识,让村民对乡村文化的传承产生了文化自觉与文化共识,同时培养了他们的乡村文化生产能力,让其能在代际

---

① 亨利·列斐伏尔.空间的生产[M].刘怀玉,等,译.北京:商务印书馆,2022:593.

交替中自主实现文化的传承与弘扬。为了激发乡村群体对乡村文化空间的自我消费,乡村不断借助活动、仪式来强化自身文化消费的力度,并以接力的方式传递给下一代,形成代代相传的习俗。同时,为了将这种消费习性固化下来,乡村还将传统文化物化到空间中的各个角落,用实物产生的隐喻以生产空间的想象。巴什拉曾将想象分为两个范畴:形式的想象和物质的想象。形式的想象形成的是各种意想不到的新形象,而在物质的想象当中,意象深深地浸润到存有的深度中,同时在当中寻找原始和永恒的向度。① 乡村文化空间的自我消费与空间原型的物质想象有关。原型意象属于空间方面的物质意象、原初意象,如家屋、阁楼、地窖等,人类对这些空间意象都有类似模式的、但有些许差异的心灵反应,经过巴什拉的"场所分析",才会显现其现实意义的来源。② 正是这种空间中的物质意象与仪式、活动相结合,才在乡村的自我消费中发挥着重要的传递作用。

外部对乡村文化空间的他者消费属于访问消费,是一种视觉与体验消费。正如有学者所言,"空间是被生产和被体验的"③。乡村文化空间不仅是自身文化生产与扩散的空间,还是城乡文化交融的空间,服务于城市游客,因此,乡村文化空间的生产关系不仅有乡村自身的生产关系,还有游客参与其中带动的关系。乡村文旅作为一种积极、创造性的力量为乡村文化空间带来新的变革,并将这种变革像大海的浪潮一样在各地迅猛推广扩散,生产了更多的新空间。乡村的各种元素转变为文化生产的原料,各个利益相关者对其采取各种手段进行加工打磨,构建了多样化的文化产品供人们消费,从中攫取乡村文化价值长期隐藏的收益。于是,辛苦的田间劳作转化为日常的表演,文化空间的生产服务于文化空间的消费,乡村文化空间的存在宗旨开始发生质变。为了将空间的意象理想化,在乡村体现出壮丽景观和游客感官的成功联合,乡村规划师开始将原有的农业生产活动剔除,置换成

---

① 加斯东·巴什拉.空间的诗学[M].龚卓军,王静惠,译.北京:世界图书出版公司,2016:23.

② 加斯东·巴什拉.空间的诗学[M].龚卓军,王静惠,译.北京:世界图书出版公司,2016:24.

③ 韩勇,余斌,朱媛媛,等.英美国家关于列斐伏尔空间生产理论的新近研究进展及启示[J].经济地理,2016,36(07):19-26+37.

"传统农业生产表演"。"伴随着乡村空间不断地被旅游化生产,村民也随之转变着角色定位和空间实践行为。村民从单纯的东道主角色转换为服务于旅游舞台的'演员',忠实地配合政府、投资商等权力主体撰写的'剧本',迎合'观众'即游客对乡村文化的体验需求"①。在"触发体验"的助益下,"在场感""临场感"让激情的重担得到释放,并解放欲望的驱动力。但筛选的标准却相对比较主观,即忽视传统元素,对不太熟悉的科技文化多数直接过滤掉,或被简单定性为有害文化而采取压制而不是改造。游客与设计师之间的差距体现在被构想之物(抽象)和被感知之物(可读的与可见的)之间的差距上,类似于致幻效果,诱导游客把注意力集中在"传统淳朴生活"的体验上。结果是,交换价值超越了使用价值。这一点,在列斐伏尔对空间消费的简短论述中也可以看出:"从经验的方面来说,这意味着新资本主义和新帝国主义分享了对于分裂成两种区域的附属空间的霸权:一种区域是以(消费品的)生产为目的并依靠(消费品的)生产而发展的地区,另一种区域是以空间的消费为目的并依靠空间的消费而发展的地区。旅行和休闲成为投资和获利的主要领域。"②空间的消费将文化空间的社会性和政治性悄然地掩盖掉了,形成了自然化的景观,潜移默化地影响着人们。

网络的普及带来了乡村文化空间的虚拟消费,打开了一个新的文化消费空间。传统的乡村文化成为网络符码的加工地,通过抽象化实践与参与者的感知记录,在辅助设备或软件帮助下进行脱域式的编码与解码,乡村文化空间变成一个仅有的参照物,而参与者的亲历经验作为一个热点信息实现对外传播,在充满虚拟符号的"符号世界"中树立一个抽象空间供网络参与者消费。相比而言,传统乡村文化空间的地域约束、元素约束、空间约束在虚拟环境下都被一一解构,新的空间打破原有空间的各种约束机制,利用网络符码对原有乡村文化空间进行了多重变革与再造,尽管有可能还是一个统一体,但展现在读者面前的可能是早已面目全非的新形态。在虚拟空间中,虚拟空间的生产关系与原有的空间生产关系极其不同,不仅主体、客

① 胡静,谢鸿璟.旅游驱动下乡村文化空间演变研究——基于空间生产理论[J].湖北民族大学学报(哲学社会科学版),2022,40(02):99-109.

② 亨利·列斐伏尔.空间的生产[M].刘怀玉,等,译.北京:商务印书馆,2022:519-520.

体、参与者都发生巨大变化,而且人工智能以新角色的身份也自动加入空间的改造中,空间的再生产愈加频繁,甚至突破了原真性意义的内涵,与现实的各种问题发生勾连,在网络上持续引发热议。网络自发力量的实践加剧了影响力扩展,网络空间文化的消费也制造了大量的文化表征,传统意义上的物化景象在网络语境中被再度编码,并符号化为"真正的乡土民居",契合了人们对乡愁的意象和意境中的理想住居地,将想象与视觉结合起来,将画卷与现实勾连起来,用文化唤醒方式激起人们对乡愁的记忆,从而开发出注意力经济。有学者直言,"在社会化媒体语境下,空间生产和空间规训都已经不单单满足于对某种静态的、稳定的、结构性的空间状态的征服与生产,而是开始转向对'流'的征服与生产,这极大地拓展了列斐伏尔和福柯的空间思想的内涵体系……在大数据和可视化技术所主导的流动空间实践中,空间关系的流动化生产与再造呈现出智能化、匿名性和生产性的特征,这是列斐伏尔和福柯从未设想过的一种空间实践"①。

空间消费意识的觉醒带动了空间的生产与消费。为了满足群众对空间的凝视与体验,乡村象征性地被转化为商品供游客消费。于是,乡村开始去独立化,去领地化,变成文化消费的空间。空间经历了"去仪式化"与"再仪式化"途径,也加快了生产转型的步伐,扩大了生产的范畴。什么样的增产才能让乡村文化展示的解码与游客心中的期待一致,这显然值得乡村去认真思考。从实践反映的各方面来看,一些关键因素可以作为问题解决的着眼点,例如稀缺性、独异性、先导性(地方性元素)等,它们是乡村文旅发展中极为关键的影响因素,在乡村文化空间中有着重要的引导作用。

在日益工业化的社会中,自然生产了新型稀缺,自然空间变成了稀缺的商品。"相反,稀缺变成空间性的,也即地方性的了"②,将借助空间套封,将稀缺的"自然元素"纳入空间之中,借助阅读这种物质化的文本所带来的感官体验与网络检索体验进行对比。正如列斐伏尔所言,自然空间成了新型稀缺的商品。

---

① 刘涛.社会化媒体与空间的社会化生产——列斐伏尔和福柯"空间思想"的批判与对话机制研究[J].新闻与传播研究,2015,22(05):73-92+127-128.

② 亨利·列斐伏尔.空间的生产[M].刘怀玉,等,译.北京:商务印书馆,2022:486.

在文化空间中,差异性是重要的属性。为迎合观众猎奇需求,基于"空间的短缺显然是一种社会经济现象"①这一论调,借助经济力量大举美化乡村,形成一系列独异的特性。有一点值得肯定,即文化空间建设让乡村游客耳目一新,纯粹的日常生活空间变成了视觉消费的场域,人们的过去与对乡村的憧憬(与回忆/记忆)被唤醒,产生生活的联想。

具有先导性的文化内容也成为乡村文化空间为满足消费而积极投入空间生产的重要因素。先导性内容容易占据空间优势,成为一道独特风景,抢得消费的先机。先导性文化元素可能诞生于传统与现代的结合、东方与西方的结合、乡土与科技的结合。先导性文化内容本身就是融合的产物,甚至是一种脱离传统思维范畴的脑洞大开行为。

总之,空间消费的拉动会产生空间的审美变化与文化意识的培育。正如列斐伏尔所说的那样,"生产性(工业的)劳动,不管是作为现实、作为概念,还是作为意识形态,都会产生道德和艺术'价值'"②。

四、乡村文化空间的重构

还原主义者对乡村文化空间的重构持反对态度。他们认为,乡村原初的空间是乡村文化的起源地,重构空间是对原初空间的肆意乱改与破坏,容易丧失掉乡村的原真性。而且,乡村文化空间一旦重构,很难恢复至原貌,即使恢复,也已经脱离了原初空间的真实意义。他们甚至认为,"去阅读一种按照可读性制造出来的空间,等于一种不必要的赘述、一种对'纯粹'和虚幻的透明物的赘述"③。当然,列斐伏尔也持同样的观点,他认为,"乡村的空间,正像那些追寻自然的行吟诗人所体悟到的那样,是最早一批对自然施暴的产物"④。但这容易忽视两点现状,以至于表现出一定的偏颇行为。

一是乡村文化中的一些传统消极文化因子藏在乡村日常的风俗中,藏

---

① 亨利・列斐伏尔.空间的生产[M].刘怀玉,等,译.北京:商务印书馆,2022:488.
② 亨利・列斐伏尔.空间的生产[M].刘怀玉,等,译.北京:商务印书馆,2022:477.
③ 亨利・列斐伏尔.空间的生产[M].刘怀玉,等,译.北京:商务印书馆,2022:463.
④ 亨利・列斐伏尔.空间的生产[M].刘怀玉,等,译.北京:商务印书馆,2022:427.

在乡村文化空间里,复兴传统文化空间,彻底还原乡村文化空间,使之世俗化、仪式化、庆典化、庄严化,必然会导致这些消极文化因子在乡村肆意泛滥,让一些本应该遗弃的陋习又开始盛行。换言之,乡村文化的繁荣并不是要繁荣这些消极因子,而是要繁荣优秀的传统文化,让优秀的传统文化持续焕发活力。因此,我们要响应国家移风易俗的号召,就必然要消除这些饱含陋习的消极因子,激励那些振奋人心的积极因子,推动思想观念向正能量转变与变革,要对乡村原初空间的消极因子秉持批判精神,而非宣扬一切,要防止它们借助乡村文化空间的重构达到复兴目的。

二是乡村发展的现实性诉求需要对乡村文化空间不断地进行改造、升级、迭代,这实质是一种间歇性重构运动。站在乡村的立场来看,利用乡村文化空间的自我表征和自我再表征,构建适宜乡村文化发展的社会空间,是乡村坚定不移的发展诉求。本质上,改造空间就是空间的再生产。乡村文化空间的发展并不是走城市文化发展的道路,也不是自我放任式的野蛮生长,而是因地制宜地在不断重构中走出自身的发展特色。重构能维持乡村文化空间的活力,赋予空间内文化元素多样性,为乡村文化空间增添许多新的内容,进而丰富文化空间的内涵。

不可否认,重构中既包含了还原,也包含着创新。还原是在"视觉—空间"作用下对早期有益空间的还原,特别是对自然和历史空间的还原,让原有空间在新时代产生积极的教育意义。同时,还原还能重新树立自然与社会的共生关系,纠正因为发展偏向造成的对自然的破坏行为。特别是在乡村文旅的火热推动下,乡村文化空间的文化生产开始偏向商业化,持续触发文化生产关系的转向,传统的文化因子在外部作用下开始产生变异,毫无节制地"离心化"和"去中心化",使社会空间原有的生产关系逐渐产生了脱节与错位,导致社会空间的异化与空间矛盾的激化。通过文化空间生产关系的重构,为消除矛盾、建立和谐的发展关系提供了契机。重构也是创新。重构通过文化要素的重新组合在乡村文化空间内彼此融合,产生了新的化学反应,激发出新的文化形态。因此,对乡村而言,乡村文化空间的重构为乡村打开了一种新的发展模式,让乡村走出了一条创新的路子。例如,绿水青山向金山银山的转化就是乡村在重构生产关系中创新出的发展模式,从肆意的乱砍滥伐变为合理的生态取用,从而纠正了原有不正确的做法,在生产活动中开展了积极有效的创新。

乡村现代化必然推动乡村文化空间重构。中国共产党第二十次全国代表大会明确提出要开辟马克思主义中国化时代化新境界,并将"以中国式现代化全面推进中华民族伟大复兴"作为新时代新征程中国共产党的使命任务。中国式现代化包含了乡村的现代化,而乡村的现代化必然包含了乡村文化的现代化,也必然需要新的文化空间来适应乡土社会的发展。首先,传统村落同样需要现代科技工具与科学方法来保护。正所谓"建筑术的任务就是描述、分析和解释这种持存性"①。只有科学保护才能保护其存有的乡村文化空间,在不破坏传统村落特有的文化空间架构下,不断推动传统村落走向现代化。其次,现代生产方式正深刻影响着乡土社会,重构着乡村文化空间。对空间基础设施的投资,如公路、公共设施等,使乡村越来越开放,更易接受外界带来的变革,而乡村现代化过渡过程中出现的生产、消费、限制、分配、制约、妥协、控制等时刻,变革着乡村文化空间的场景,迫使乡村文化空间的转变已势在必行。再加上农业生产与工业生产的场景互补、城乡生活方式的日渐统一、越来越高的共享化,共同推动着乡村文化空间走向重构。最后,借助对传统文化的解构和现代元素的融入,乡村文化建设实现了现代性突变,而乡村文化的自然属性与独特性都是乡村独特的自然禀赋,在现代化中更易发挥出更大的价值,同样会在现代化中实现迭代更新,产生新的内容。当然,现代性愈加充足的状况下,如何保持传统乡村文化价值值得关注。

新农村建设也构筑了新的空间关系。列斐伏尔说过,"空间实践和作为实践的建筑之间是密切关联的、互相表达的。因此,建筑师是有影响力的,建筑是起重要作用的"②。相比城镇的集成化优势而言,乡村缺乏类似现代城市所拥有的强大辅助设施,因此,发展乡村现代化与构建新的文化空间相比难度要大得多,这就导致文化场景长期较为固定,文化应用场域相对缺乏,乡村文化空间变化较小。新时期的新农村建设产生了一批极具影响力的新空间,极大地丰富了乡村文化空间的内涵,同时赋予乡村文化空间前所

---

① 亨利·列斐伏尔.空间的生产[M].刘怀玉,等,译.北京:商务印书馆,2022:338.
② 亨利·列斐伏尔.空间的生产[M].刘怀玉,等,译.北京:商务印书馆,2022:401.

未有的地位与重视,为乡村文化再生产带来了活力,让传统乡村文化建设在现代化与乡村发展对话中获得了再生的契机。

如何在重构中让乡村文化空间具有现代化特征而不丧失传统,是一个非常值得深挖的问题,同样对乡村文化空间建设也非常必要。有许多典型的问题,例如资本的引入如何保有传统文化价值,在乡村文化生活提升下如何维持平衡。我们不能过度地抵制资本对文化的操控,而忽视了资本对文化的激励作用。事实上,我们不应孤立地看待问题,随意将城乡文化交汇所携带的冲突、融合与互哺全部归纳为矛盾并对立起来,应平衡好二者的关系,应关注新农村建设对乡村文化的巨大贡献,在维持动态平衡的观念引导下积极开展乡村文化空间的生产。同样,乡村文化空间的现代化发展与传承传统文化的行为二者并不冲突,也不对立。现代化发展应在科学文化的引入与主流价值观的引导下进行,同时还要积极提炼优秀的传统文化基因,让其在新农村建设中得以凸显。当然,我们还要防止乡村文化空间建设的异化,在坚持人与自然的和谐共生中,找到改善乡村生活条件与保护村落原真性的平衡点。

五、一个典型的案例

东梓关村位于浙江省杭州市富阳区场口镇西部,沿富春江水岸呈带状分布,北临富春江,南依小山群,东西各有洋涨沙、桐洲岛等沙洲岛屿环绕,具有独特的地理位置。村内池塘遍布,水系贯通,极富灵气。一百多座古建筑毗连成片,许家大院、许春和大药房、许氏六八房、长塘厅、安雅堂、越石庙等 10 余幢清末民国初古建筑屹立其中。这些传统建筑凝缩成由旧社会关系、社会实践所组成的空间镜像,也凝聚着乡村文化长期生成的共识。尽管极富灵气,但东梓关村同样难以摆脱乡村面对城镇化过程中普遍存在的人才外流困境:村里大多数年轻人外出打工或经商,乡村成为典型的空心村。直到国家实施乡村振兴发展新农村,东梓关村生产了新的空间才彻底改变了这一旧貌。借助国家大力保护传统村落的契机,东梓关村在积极推行保护传统村落举措的同时利用"空间再造",在保护原有村落的基础上创造出新的文化空间——"杭派民居",重新推动乡村走向繁荣,成为互联网上火热的"网红村",充分发挥出触媒效益。总体来看,东梓关村的有些做法值得各地借鉴。

一是大力推动古建筑修缮工程,保护传统文化空间。从空间实践来看,古建筑是历史遗韵,是传统文化的容纳之地与展示空间。东梓关村围绕长塘周边古建筑立面整治,许家大院、安雅堂、越石庙开展"三改一拆""无违建村"工程,利用东梓关村被列为省市重点古村落保护项目的契机,积极争取上级资金,坚持修旧如旧的原则,对具有纪念意义和历史意义的古建筑进行回购修缮,累计投入修缮资金 1000 余万元,先后完成许家大院、许春和大药房、许氏六八房、长塘厅、安雅堂、越石庙等 10 余幢清末民国初古建筑修缮工程。同时积极鼓励民间资金参与许春和大药房等古民居的保护修缮工作,修建东梓关村史馆。该馆建成于 2015 年,建筑分为上下两层,共 195 平方米,楼下为展示厅,分为村史村情、乡风民俗、崇德尚贤、美好家园四个板块,全面介绍东梓关村的历史、文化、历代贤能等。楼上设古色古香的讲台,为东梓关村道德讲堂、富阳区委党校基层教学调研联系点。通过修缮,东梓关村的古建筑再次闪亮展现在世人的面前,让东梓关村成为当地有名的古村落,吸引大量游客到来。东梓关村以修缮古建筑方式唤醒人们对乡愁的记忆,将历史性空间转接至当下,将符号中的情感元素挖掘出来,以视觉体验转换空间意象,挖掘出空间的经济价值与社会效益。

二是借助新农村建设创新乡村公共文化空间,打造特色文化品牌,在新农村建设过程中构筑新的空间关系。列斐伏尔强调,"理想的空间"与"真实的空间","其实这两种空间彼此包含,互为基础,互为前提"[①]。2015 年,东梓关村聘请外部的设计师,利用回迁房安置农居建设,打造出一个全新的乡村空间——"杭派民居","设计从基本单元入手,将宅基地轮廓边界与院落整合同步考虑,在总占地面积不超标准的前提下,确定了小开间大进深和小进深大开间两种形态的基本单元,然后由两个基本单元演变出四种基本形体类型,进而通过院落组织方式形成一个富有变化层次的规模组团,每个组团都有自己的中心,组团的有序生长衍生便能逐步发展生成有机多样

---

① 亨利·列斐伏尔.空间的生产[M].刘怀玉,等,译.北京:商务印书馆,2022:22.

的聚落形态"①。借助"杭派民居"示范村项目,东梓关村着力推动乡村文化空间向现代空间转型,在乡村实践出一种新型文化空间,达到改善乡村人居环境的目的,"设计积极探索在地的痕迹,以村庄的独有气质为背景构建新的空间形态,将这个村落乃至这个片区,转变为一个看与被看的活力场所,力求借当地村民的力量,将其打造为一个可以探索和感知认同的真实空间,成为村民共建共享的村庄活力源"②。这种新型富含乡土特色的文化空间,与画家吴冠中笔下的江南有着极为相似的外形。事实上,原初的设计理念的确参照了吴冠中的江南构想。可以说,它是建立在对传统文化的抽象意象进行解码后再编码的基础上的,既契合了人们对传统文化生活的想象,也契合了人们对传统文化象征性元素的认知。这种文化空间的塑造与修改实现了从空间的表象到表征性的空间的构建过程,既是乡村文化现代化场景的搭建过程,又是从意象领域到实践领域的实践跨越,从而把乡村再造为艺术集聚的文化空间。当然,诚如列斐伏尔所言,"表征性空间仅有的成果是象征性作品,受空间—时间的约束,并接受其检验,有时赶上的'美学'潮流,也会因为其他意象的反对与攻击而被逐出潮流"③。东梓关村正是利用乡村文化中蕴含的美学基因,在现实中刻画出传统乡村生活的意境,形成新的理解与意象元素,再利用乡村游客的体验感知在游客的心里重新建构出新的"空间符码"与乡村意象,以文化方式唤醒人们对乡愁的记忆。这种乡村文化空间的建构是美学与乡村的勾连,把乡客融入一种"共识场景"中,在情感层面突出乡情回归,它"包含了感知、表象和空间实践的层面、层阶和沉淀物,这三者之间互为前提、互相给与、互相置换"④。这种巧妙的融合给东梓关村带来了巨大的轰动效应。2017 年,央视媒体给予了东梓关村极大关注,东梓关村的"杭派民居"成了大众视野中的"网红民居"和"中国最美农民回迁房",被众多网友称为现实中的"富春山居图"⑤。

① 孟凡浩.活力乡村　写意江南　杭州富阳东梓关回迁安置农居[J].室内设计与装修,2016(11):74-81.

② 孟凡浩,丁倩琳.乡村公共空间营造与东梓关实践再思考——杭州富阳东梓关村民活动中心[J].新建筑,2019(04):48-51.

③ 亨利·列斐伏尔.空间的生产[M].刘怀玉,等,译.北京:商务印书馆,2022:65.

④ 亨利·列斐伏尔.空间的生产[M].刘怀玉,等,译.北京:商务印书馆,2022:332.

⑤ 袁泽平,潘兵.乡村振兴背景下浙江省网红产业发展策略研究——以富阳文村、东梓关村、望仙村为例[J].建筑与文化,2019(10):108-111.

三是深挖乡村生活蕴含的深厚文化底蕴。一方面,东梓关村积极整合自身文化资源,突出文化发展特色,为乡村文化发展找亮点。东梓关村充分利用自身文化底蕴丰厚的优势,在东梓关村成立杭州公望书画艺术院创作基地。2017 年 12 月,东梓关村被评为富阳书法村。另一方面,将传统消费产业化,以农家土特展、本地美食、休闲运动、民宿产业为领先,打造美丽乡村产业。美丽乡村的可持续发展既要有颜值,更要有产值。在发展美丽乡村经济过程中,东梓关村不仅积极招引有品质的企业集团来东梓关村投资兴业,还鼓励农户建设"各美其美,美美与共,以文化之美构建乡风文明"民宿产业,通过改造,许多村民积极开办精品民宿、农家乐、江鲜馆等。此外,东梓关村出台相关的奖励保障政策,充分调动农民回乡创业的积极性。目前全村共发展民宿将近 20 家,提升培育以江鲜为主的农家餐馆 11 家,山南水北户外基地、同舟皮划艇基地等体验产业进驻,以素云红糖、同格昌豆腐等传统小吃摊位 10 余家全面升级,富民效应逐渐显现,古村落重新焕发光彩。

四是着力挖掘乡村空间的社会特质,发展乡村文旅。因东梓关村依富春江而立,江鲜资源丰富,鱼类众多,鲜美无比。"未能抛得富春去,一半勾留是江鲜"。一年四季中,白鲈鱼、刀鱼、鳊鱼、鲢鱼、江虾、铁壳秤砣蟹等水产层出不穷。利用东梓关村在外知名度不断攀升的机遇,在 2018 年国庆节期间创新性地推出"富春江江鲜大会"这一节庆活动。活动期间,游人如织,场面火爆,好评如潮,短短八天时间,共吸引游客 37 万人以上,创造了乡村旅游的一大奇迹。游最美村落、住最美民宿、行最美江堤、赏最美江景、品最美江鲜、采最绿果蔬,这一具有场口特色的乡村游品牌正从美好愿景变为生动现实,东梓关村成为"富春江江鲜大会"永久举办地。东梓关村把农村变成了景区、田园变成了公园、民房变成了民宿、劳动变成了运动、产品变成了商品,流转村民闲置的土地,活跃传统农耕文化,打造采摘在园区、吃住在农家、体验农耕文化的一条龙乡村休闲旅游路线,让村民的"钱袋子"在自己家门口轻轻松松鼓起来,村民拥有越来越多的获得感。

五是积极探索城乡文化融合模式,借鉴现代城市空间的构建经验,蹚出一条现代化的新路子。在乡村现代化进程中,推动传统与现代相融合,打造城乡融合新模式,是乡村建设的终极目标。东梓关村极力推动传统元素与现代设计相融合,将传统的古街坊与现代消费场域咖啡厅相结合,让古老的厅房变成现代议事厅,实现城乡文化空间在此地交汇。传统乡村的熟人社会导致乡村缺乏完整的标识系统来引导,这限制了外地人活动的空间。东梓关村积极加强引入标识建设,构建现代标识系统,打造乡村的空间表象,让空间表象更加清晰。在东梓关村,路标、家庭标识都非常清晰地展示在世人面前,空间感知得到了显化。此外,东梓关村还构建了污水处理系统、乡村垃圾回收系统来美化村庄,搭建了游客中心、停车场等配套系统以方便游客。同时,东梓关村还积极引进现代管理制度,将其本地化后应用于传统乡村的治理,进一步推动乡村科学化治理的进程,为新农村管理贡献了方案。

六是加快东梓关休闲小镇的打造。人杰是东梓关村的另一个优势。东梓关村拥有一个传奇"乡村郎中"张绍富。张绍富是杭州市富阳中医骨伤医院创始人,从一名"乡村郎中"成长为中国中医研究院骨伤科研究所客座研究员、浙江省名中医、浙江省优秀共产党员、张氏骨伤学术流派的奠基人,掌握着"张氏手法正骨技术"绝活,被誉为"富春江畔活华佗""白求恩式好医生"。东梓关村抓住这个特色,设立中医骨伤康养医院建设项目,体现医养结合,并搭建骨伤康养综合体,设置床位 30 张,建筑面积 8000 平方米左右,符合国家卫生学标准及东梓关特色小镇规划要求,体现骨伤康复医院特色和要求,符合特色休闲小镇风格。同时,东梓关村积极引入开元集团,项目建设内容主要有酒店、会议中心、农文化体验中心、观光农业等综合体,首期建设用地 60 亩,预计投资 3 亿元,主楼占地面积(包含会议中心、餐厅、接待等)5700 平方米,集中客房 1700 平方米,总客房数 166 间,通过建筑与环境相融合,全力打造东梓关特色休闲小镇。

六、过度的生产与消费

乡村文化空间的公共性边界问题是个值得思考的议题。乡村文旅的发展为乡村文化空间注入了多样化的力量,不仅参与主体成分发生了改变,而且文化元素也有许多新的融入,空间构造、空间元素、空间活动等内容发生巨大变革。各种试图取用或支配文化空间的力量在乡村形成一种激烈博弈的场面,某些改造行为让乡村文化空间显现出许多异轨现象——过度模仿现代文化元素,同质化抄袭,千篇一律的文化行为,与城市文化空间的无限接近,等等,都使乡村文化空间独有的乡土特征加速消失,出现了形形色色的错乱和扭曲,从而导致了公共性边界问题的产生。异轨的原因有多个方面,但有两点值得关注:一种是乡村文化空间受商业化的影响而产生了异轨,另一种是社会语境的嬗变引发的异轨。下面分别就这两种异轨做简单阐述。

在乡村文化空间中,乡村文化景观的独异性会产生巨大的商业价值,乡村特有的风土人情与自然风貌也在日益现代化的生活中成为稀缺商品,推动乡村文化空间商业化。对资本而言,文化空间是资本扩张和积累的一种重要手段。事实上,乡村文化空间的生产是一种社会劳动,蕴含有参与者的劳动付出与价值创造,凝聚成的劳动产品同样存在着交换价值。借助分割、扩展、转移空间,资本逐步掌控空间,"那就是激活、利用、收编这些被遗忘的碎片空间,使其成为一个资本生产空间"①。在资本掌控空间期间,剥夺与保护同在,掠夺与回馈同在,但过度的商业化操纵,把乡村文化空间演变成设计师、规划者改造乡村文化的实验场所。他们将商业文化与乡村日常生活紧密联系起来,借助对日常生活的规划、改造、重构,或者对传统文化的复现或再现,商业化在保护传统习俗的庇护下进行了各种伪装与攫取利益行为。外部商业文化对传统文化元素的消解容易导致旧生产关系的崩溃,催生新生产关系的形成,带来了一种发展的异化。空间资本化带来的结果使得本地村民越来越多地失去了对空间的控制权(访问权、使用权),制造了文化危机,产生了文化对抗。

过度的商业性文化开发侵占了原有的文化生活空间,直接导致原有文化体系分散、分割、替换,直至碎片化、边缘化,最后被迫让位于商业文化,成为一种靠售卖文化的商业性文化空间。从本质来看,空间文化的消费本身就暗含了对传统单一农业发展模式的一种批判和对劳动空间的批判,而商业化催生的休闲空间与享乐空间则得到消费主义的极大鼓励与重视。于

---

① 刘涛.社会化媒体与空间的社会化生产——列斐伏尔和福柯"空间思想"的批判与对话机制研究[J].新闻与传播研究,2015,22(05):73-92+127-128.

是，经济价值战胜了文化价值成为主宰空间生产与消费的判别依据，但也存在着弱化传统文化的风险。而且，过度商业化的持续熏陶，容易使淳朴的乡村文化空间产生变异，极易生成为追求商业利益而催生出剧场化的空间和戏剧化的空间，"空间易于被情欲化、被恢复到混沌的状态，成为需要和欲望的共同发源地——通过音乐的方式，通过差异化的系统的方式，通过稳定物价的措施"①。因此，在乡村文化空间的生产活动中，积极把握文化生产的方向，控制乡村文化生产活动的内容，引导乡村文化空间的价值导向，就显得尤为必要。对于空间的资本化引发的各类问题，后面还会做进一步的探讨。

社会语境日益翻天覆地的变化同样带来了空间边界问题。城市文明的兴起持续更迭着人们的日常生活理念，对城市生活的向往与追求使人们热衷于城市文化、现代文化、流行文化，常以城市文化、现代文化、流行文化的思维来阐释传统文化，让乡村文化空间面临着再语境问题。城市文化与现代文化的崇尚科学精神、规模化思维、职业操守等在许多地方的确值得推广应用，但传统的文化依然有许多优秀的内容值得传承，如天人合一的思想、尚礼睦邻的传统、人与自然和谐共存的理念等，是传统文化持久的生命力。一些建设者出于对乡村文化现代化的误解，在乡村文化建设中舍弃了传统的文化元素，大量移植城市文化与西方文化，这种对外部文化随意的复制、反射与回响容易导致乡村文化的缺场。还有些人在缺乏科学考证与规划的情况下，借助文化空间提升战略来随意植入网络文化、潮流文化、快餐文化等一些异源文化，使乡村文化空间的本真性被他者替代与转移，由此导致乡村文化空间充斥着非乡村文化元素，特别是一些非农业生产性文化行为成为大家关注的核心，加剧乡村文化空间内矛盾，不仅造成文化空间生产的过剩与资源的浪费，也容易带领乡村文化空间向异轨的方向发展。

异轨化携带的不良文化价值取向需要纠正，文化建设也需要正确的引导。乡村文化的商业价值开发导致一种商业化文化生产在乡村成为一种主流，诞生了休闲空间、体验空间等新型文化空间，但也为乡村带来各种文化冲突，进而制造了原初文化空间的分裂与传统文化价值的消解。当空间被异轨、再取用(挪用)时，乡村原本的自然特色会被异质文化所吞没，原初的

---

① 亨利·列斐伏尔.空间的生产[M].刘怀玉，等，译.北京：商务印书馆，2022：576.

文化空间会被改成与初衷完全异质的其他用场,从而服务于少数群体,这会导致在乡村中产生各种抵制行为,既有文化消费的抵制行为,也有文化生产的抵制行为。这种抵制行为既有乡村文化空间自身发展瓶颈所携带的固有局限性,又有商业化入侵裹挟夹带的空间异轨与挪用。尽管对当地村民来说是一种异化,但"异轨能导致空间的生产"①。因此,从管理角度来看,要在功能、结构、形式上让参与各方都能达到完美的平衡非常困难,尤其是各种取用的力量将艺术与生活勾连,将意象与实践勾连,从构想的领域跨越到实践的领域、体验的领域,对空间的全面操纵(规划)让事情变得更加复杂。异化让乡村文化空间从一个生产空间演变成为一个文化消费的空间,开始出现文化工业化倾向,促使文化消费变成消极的体验。在此之下,传统乡村的私密空间被进一步打开,传统文化内在的传播模式开始向外逸散,传统乡村文化价值也受到外界的监视与挑战,不良行为文化从未间断地侵袭与影响着我们优秀的传统乡村文化。异化甚至会造成空间的瓦解,让乡村文化空间为城镇而生产,而非为乡村自身而生产,甚至常被各种外部力量所支配。最为典型的发展异轨现象正在各地蔓延,已然形成了新的发展模式,成为争相效仿的对象:有的乡村将古宅改为民宿,有的乡村将牛栏改为咖啡店,在山边搭建森林小屋,河边新建露营场地,看似很热闹。这种现象的确能为乡村带来新的气象,但有一点很明确,它们并不是服务于乡村文化生活的,而是服务于城市游客的,是为了迎合外来游客。

同样,风头正旺的虚拟乡土风情视觉消费正在触发诸多不良风向,影响乡村的文化空间。首先,网络空间信息的消费由于脱离了现实的空间信息分享,会遗漏许多信息,特别是现实中的真实信息会在网上发生变异,产生误解,进而形成广泛的错误认知。其次,它是有选择性地呈现。在虚拟空间中,乡村文化空间被压缩成为一个二维图片或三维虚空场景,呈现的内容与网络服务的功能挂钩,因此是一种有选择的"功能性的空间呈现"。这让乡村文化空间脱离原有的本真变成网络编辑随意加工裁剪的对象,按照他们的意愿与偏好来取舍。因此,虚拟乡村文化的生产成为满足网络泛娱乐的生产而非文化本真的生产。再次,丰富的网络符号对网络虚拟空间的随意

---

① 亨利·列斐伏尔.空间的生产[M].刘怀玉,等,译.北京:商务印书馆,2022:542.

增添、篡改与标签化,会让乡村文化空间在虚拟中产生歧义,即使通过引入特定的符号能弥补给定区域的短处,但也容易使其超越原有资源的局限,产生了"过度的意义"。

我们要避免网络文化空间的过度消费给当地造成的负面影响,让参与者对乡村文化建设不产生抵触。同时,网络空间消费存在的隐私问题争议、数字化替代隔离关系等问题同样需要重视。真正需要思考的是,如何在虚拟空间中树立乡村的正面形象,以吸引到足够多的利益相关者参与乡村文化建设。

总之,经济资本的嵌入,奠定了乡村文化空间的经济基础,为乡村文化空间的生产提供了额外的经济支撑。但在乡村文化建设与传统乡村发展的对话中,如何在发展乡村文化空间的基础上,继承乡村文化空间的公共性,创新乡村文化空间的文化内涵,避免乡村走向空心化、商业化,值得引发广泛思考。对于传统乡村文化空间而言,在现代化乡村文化生产的实践中,传统乡村文化的价值在乡村振兴中如何得到体现并在促进乡村振兴中发挥出巨大的作用同样值得我们关注。我们应在人与自然和谐的生态视野以及城乡融合的发展视野下,重新思考乡村文化空间建设对提炼传统乡村文化价值以及提升城乡文化融合水平的作用,进而为辅助乡村经济发展提供一条融合的、多元化的通路,为破除城乡对立、弘扬传统文化、振兴乡村树立一个共同的样板,也为中国广大乡村文化空间建设提供样本参照。

第四章

价值理性与工具理性的抉择

　　在乡村文化空间中，乡村公共文化空间一直是大家比较关心的话题。乡村公共文化空间孕育着深厚的农耕文化与非物质文化遗产，承载有乡村的集体记忆和地域文化认同，是中华优秀传统文化的根源所在。从空间生产的视域来看，乡村既有政府主导的供给型公共文化空间，如农家书屋、博物馆、文化礼堂、文明实践站等，也有当地村民自发形成的内生型公共文化空间，如宗祠、戏台、节日、庆典等，它们都是乡村文化生产与再生产的重要"场域"。乡村依靠公共文化空间的生产与消费，传承发扬本地特色文化，深化族群认同和凝聚力，维系乡土社会的集体性。自2017年国家提出乡村振兴战略以来，乡村在有力的政策引领下，以积极开放的姿态开启了现代化新农村道路，不仅乡村的环境、经济、生产、管理等取得巨大的改善与进展，并且革命性地重构了乡村公共文化空间，给淳朴的乡村文化带来了许多新气象。但我们也看到，在商业化、市场化的冲击下，乡村传统的公共文化空间被分割、改造、包装、异化，成为资本获利的工具和手段，村民从事传统文化生产所涉及的资源、工具、活动日益锐减，显露出主体性不足、公共性欠缺、文化认同危机等问题，出现了公共文化供给不均衡、传统文化流失、文化价值滑坡等现象。这与社会发展的趋势相背离，也与乡村村民对文化的需求相背离，同样与乡村文化自身的发展相背离，是我们必须去纠正的错误发展导向。

国内学者对传统乡村公共文化空间的萎缩导致文化价值衰落的原因并就如何挽救从不同的角度进行了多种解构,充分地运用了城乡社会学、民族学、空间社会学等理论,形成了不同的见解和解决方案。城乡社会学家主要从城乡差别入手,将发展重心的偏向引发的不均衡作为乡村公共文化空间萎缩的主因。陈瑜认为,在发展重心以城市为主的背景下,城乡经济发展水平、公共文化财政投入差异、二元结构体制等因素导致农村阅读服务和文化服务资源配置存在短板,使农村公共阅读空间在供给上存在着政府与市场的"双失灵"。① 张理则认为,不均衡的发展使农村人口不断流失、农村文化需求遭到忽视、新的文化认同不被理解,这些才是农村文化出现"空城"现象的原因。② 因此,他们提出增加乡村文化的财政投入,并将文化工作者引入乡村,试图借助行政力量从宏观层面调整资源分配以达到改变现状的目的。另一部分农村社会学家关注外部社会力量对乡村的作用与影响,他们认为外部势力的干预、生活方式的熏陶、文化存在的方式对乡村公共文化空间产生了巨大挤压,迫使传统村落文化空间迁移、残破甚至消失。③ 也有学者从乡村内部找原因,如顾大治等认为乡村公共文化空间衰落的内在原因是没有抓住乡村文化内涵的转变,乡村文化在物质文化层面、行为文化层面、制度层面、精神文化层面都受到新媒体的冲击,造成村民的地域文化认同感和精神文化逐渐弱化而产生了变异。④ 张诚认为,乡村公共空间衰落的文化根源在于乡村缺少文化自信,盲目迷信城市文化和西方文化。⑤ 张培奇等则将其归咎于乡村公共文化空间的功用萎缩。⑥ 因此,增强乡村主体性、文化公

---

① 陈瑜.乡村振兴与农村公共阅读空间的多维构建——以政社合作为视角[J].图书馆,2022(07):49-57.

② 张理.农村传统公共文化空间与乡村振兴研究[J].农业经济,2020(10):53-54.

③ 李亮.传统村落文化空间的现代性重构研究[J].新疆社会科学,2021(06):142-152+171.

④ 顾大治,徐益娟,洪百舸.新媒体融合下乡村公共文化空间的传承与重构[J].现代城市研究,2021(12):40-47+55.

⑤ 张诚.城市化进程中乡村公共空间的流变与重构[J].城市发展研究,2021,28(10):58-64.

⑥ 张培奇,胡惠林.论乡村振兴战略背景下乡村公共文化服务建设的空间转向[J].福建论坛(人文社会科学版),2018(10):99-104.

共性成为他们解决问题的诉求。民族学者主要从民族文化传承的角度来考察原因。袁凤琴等认为,乡村公共文化空间的萎缩是受民族传统文化衰微影响的结果,因为民族传统文化赖以生存的文化空间在不断地遭受挤压,文化传承场域不断窄化和碎片化,致使民族文化在内外合力的作用下逐渐衰微。① 叶洁楠等则将其归为文化传承与农村生产生活脱节以及与历史和传统相互割裂造成的结果。② 因此,对民族学者而言,强化民族文化的传承是解决乡村公共文化空间萎缩的主要举措。空间学派主要从空间规划入手,关注空间的嬗变与空间萎缩的内在关系。郑洲、冀正欣等人认为,缺乏系统规划与空间布局,常常导致乡村公共文化空间被挪用、被挤占③,让乡村公共文化空间丧失了应有的"秩序"与"活力",造成了关系的淡化以及文化记忆符号的消失,从而制约了乡村文化的发展④。高春凤则强调,新建的乡村聚落空间制造了物理空间局部割裂、文化记忆片刻中断,同样不利于乡村文化空间的发展。⑤ 对此,他们认为,应强化空间规划,依照村民生活习惯来保持可用的公共文化空间是解决问题的有效手段。

这些观点旨在分析乡村公共文化空间衰落的原因,试图为激活乡村公共文化空间的发展活力寻找可靠的解决方案。但他们也忽视了一个显著的问题,即在复杂、多变的影响因素中,资本作为驱动乡村公共文化空间生产与消费的重要因素却较少被关注,尤其是空间资本化对乡村传统文化传承与弘扬的影响较少被提及,而这不可避免会让人们对乡村公共文化空间的存续价值、传承行为及其传播效果感到担忧。

本章从文化空间的价值生产出发,聚焦乡村公共文化空间生产与消费

① 袁凤琴,刘柯兰,罗露.乡村振兴背景下民族文化传承场域重构研究[J].贵州民族研究,2021,42(04):110-115.

② 叶洁楠,王浩,杲恬恬.乡村振兴背景下文化传承型乡村景观的存续与发展[J].西北农林科技大学学报(社会科学版),2021,21(02):19-25.

③ 郑洲.乡村振兴战略背景下西藏农村公共文化空间建构研究[J].民族学刊,2021,12(02):68-75+100.

④ 冀正欣,许月卿,卢龙辉,等.乡村聚落空间优化研究进展与展望[J].中国土地科学,2021,35(06):95-104.

⑤ 高春凤.传统村落公共文化空间的保护与振兴策略[J].长白学刊,2019(06):146-151.

的本质,结合当下乡村公共文化空间的生产与消费趋势,着重分析当下乡村公共文化空间资本化的现象,再从价值传递的视域出发,探讨价值生产的不平衡现象以及回归价值理性的具体办法,为重新调整乡村公共文化空间的价值生产提供思路与方向。

一、资本下乡:乡村公共文化空间的资本化趋势

自"社会力量参与"被写入国家乡村振兴战略后,越来越多的商业机构与民营文化企业涌入乡村,参与乡村文化振兴,挖掘乡村文化的商业价值。资本下乡使资本与文化空间在乡村找到了结合点,有力地推动了乡村公共文化空间的生产与消费,在繁荣乡村文化的同时,将商品、市场、消费等商业元素融入乡村日常的文化活动中,在乡村培育出新型的文化生产关系与文化消费方式。文化空间资本化已然成为当下乡村社会公共文化空间的一种发展趋势。

(一)乡村公共文化空间的资本化

空间本质上是为人们提供基本生活资料与社会活动的场所。在列斐伏尔看来,空间与资本具有内在的统一性,受资本的影响与驱使。他认为,空间是社会的产物,"每一种空间都是被生产出来的,从而服务于某一个目的"①。作为马克思主义的坚定支持者,列斐伏尔的空间观揭示了资本主义利用空间的生产维护资本主义生产关系的本质,阐明了空间成为资本增值的工具与手段。它同样表明,空间的生产与资本的生产具有一定的同质性,能在相互作用中实现价值交换。从利用方式来看,对资本而言,空间是资本扩张和积累的一种重要手段,借助分割、扩展、转移等操控性举措,资本逐步掌控空间,让空间成为资本获利的工具与手段;对空间而言,资本对空间的生产、拓展、重构有着巨大的影响,空间的生产与消费离不开资本的引导与支撑。换言之,空间资本化既是资本取用与支配空间的结果,同样

---

① 亨利·列斐伏尔.空间的生产[M].刘怀玉,等,译.北京:商务印书馆,2022:593.

是空间自身发展的一种诉求。空间资本化反映了资本对空间的操控,其目的是推动商业空间的发展,并从中攫取商业利益。

自 20 世纪 70 年代以来,以让·鲍德里亚、齐格蒙特·鲍曼、多米尼克·戴泽为代表的消费社会理论得到社会各界广泛的认可,成为影响社会学的重要理论。在消费社会理论学家眼中,消费成为社会生活和生产的主要动力和目标,不仅日常生活用品日趋商品化,甚至连日常活动也成为消费的对象,被改造为商业化的表演。消费社会理论突出了"社会形态从以生产为中心的模式,向以消费为中心模式的转变"①。在其影响下,消费主义文化盛行,已深入地影响到文化空间理论,特别是消费主义将"符号商品所象征的社会意义和价值作为主要的衡量尺度"②,它与文化空间的符号价值和社会象征意义具有高度的契合性。事实上,空间不仅是人的活动场所,还是文化滋生、传承、发扬、栖息的场域。依据消费社会理论,空间中的文化既是消费的对象,也是生产的原料,既能满足人的精神需求,也能为资本增值服务。消费社会的兴起给文化空间资本化提供了广泛渗透的基础。商业力量对文化空间的掌控与主导推动了文化空间再生产与再消费的转向。它们借助对文化空间的阅读与解码,改造或剔除原有空间的内容,引入商业化元素,打造出新的文化空间。空间资本化搭建起以文化资本为核心的新型生产关系,以文化产业形式在全社会形成一种文化空间资本化的发展态势。当然,在资本的掌控下,原初文化的象征体系与原始积累形成的文化空间会被新的空间体系割裂、破坏、改造,甚至被清除,有些藏匿在日常行为中的约定俗成的惯例同样会被逐步消解成为一个文化记忆上的符号。

乡村公共文化空间是"乡村居民可以自由进入并利用公共文化资源进行文化生活的公共场所,亦指人们能够参与其中享受文化福利的公共文化活动"③。乡村公共文化空间是乡村文化在"时间—空间"的交汇处,也是优秀传统文化的一种跨时空的文化记忆、互动与表达形式。乡村公共文化空

---

① 周宪.视觉文化与消费社会[J].福建论坛(人文社会科学版),2001(02):29-35.

② 闫方洁.西方新马克思主义的消费社会理论研究[M].上海:上海人民出版社,2012:10.

③ 陈波,李晶晶.文化高质量发展视域下乡村公共文化空间指标体系研究[J].湖北社会科学,2021(08):34-40.

间形塑着乡风乡貌,发挥着意识形态的功能,依靠自身的凝聚作用在精神维度让乡村获得了感知与认同,继而内在地塑造着乡村秩序。在消费主义主导下,资本进入乡村,推动乡村逐步"景观化",把乡村丰富的物质文化资源和非物质文化资源所拥有的商业价值开发出来。于是,乡村公共文化空间开始去独立化、去领地化、去传统化,成为资本增值的工具,乡村公共文化空间也成为设计者、规划师和资本家的实验场所。优秀的传统文化因子被置换、转喻、符号化后,以文化产品的姿态呈现在大众面前,文化空间的使用价值与商业价值在这一过程中被挖掘出来,乡村也在现代化重塑中变成文化消费的空间。总之,商业驱使的"乡村景观化"使乡村公共文化空间的生产与消费发生了革命性转变,商业文化对优秀的传统文化基于商业价值的大小进行逐步解剖、遴选、重构,从而消解了旧有的文化生产关系,培育出新的文化消费习性,推动着乡村文化逐步市场化、商业化,接受它们的操控。

(二)空间资本化影响乡村公共空间文化的生产与消费

空间资本化开辟了更多的文化空间。乡村现代化必然包含乡村文化的现代化,也必然需要新的文化空间来生产与承载,而这赋予了资本开辟乡村文化空间的契机。乡村文化振兴引入社会力量参与乡村文化空间的生产,使其由自我生产的独立空间转变为多方参与的开放空间与差异共存的多元空间。资本成为活跃在乡村文化空间中的重要力量,参与乡村文化的改造,并引发乡村文化空间产生重大变革。与此同时,乡村公共文化空间的指示物,如传统农业场地、工作坊、牛羊圈养地等日常行为的场域,被筛选改造后进入商业化领域,在资本的作用下被塑造成新的文化消费空间。例如,正在一些乡村悄然兴起的"牛栏咖啡""猪舍茶吧""羊圈西餐厅"等,吸引了大量的目光与体验性消费。正如列斐伏尔所言,空间的能动作用被理解为操作性和工具性作用,作为现存生产方式中知识与行动的作用①。随着空间资本化的深入,越来越多的多元文化空间将在乡村出现。

---

① 亨利·列斐伏尔.空间的生产[M].刘怀玉,等,译.北京:商务印书馆,2022:17.

空间资本化将公共文化空间符号化，让其更具可见性、可感性与可塑性。在乡村，既有藏匿在建筑、农具等物化形态中的物质文化，也有寄寓在技艺、歌唱等传统习俗中的非物质文化遗产，都蕴含着丰富的人生哲理和深厚的文化内涵，需要进行解码、编码、再解码才能被人们所利用。在乡村文旅火热的感召下，资本闯入传统的乡村生活，通过调集各种外部资源对传统文化元素进行复制、再现或符码化，把乡村原有的文化基因与习俗加工成为乡村文旅发展所需的基础原料，从而创造出愉悦感、满足感、惊奇感，以迎合游客的心理与感官需求。空间资本化加快了乡村公共文化空间符码的解构，并借助现代元素的融入改变了"乡村的阅读方式"，让乡村公共文化空间的生产变成体验生产与视觉生产，从而更具可见性、可感性与可塑性。

空间资本化激活了乡村公共文化空间的消费，无形中拓展了乡村文化传播的范围。在消费主义的推动下，乡村公共文化空间成为新的消费趋向。特别是乡村独特的自然禀赋、淳朴的生活方式、与城市文明显著的差异所传递出的空间意象契合了乡村游客对自然的向往，而身体与心理的释放、焦虑与情感的慰藉同样使人们在乡村找到了"脱域效果"。空间资本化诱导下的乡村文化消费，让更多的人接触并感受到乡村文化的魅力，极大地拓展了乡村文化的接触面。文化空间消费的引力还会导致生产劳动让位，在劳动中添加表演成分，使其演变为带有展演性质的文化劳动，劳动性质的转化让乡村公共文化空间从乡村自我消费的空间转变成全体大众消费的空间，乡村文化也在其中得到了更广泛的传播。

空间资本化对空间的操控同样会产生许多不利影响。资本的功利化倾向容易影响乡村文化表达自身的自然属性、民族属性、地域属性，使其受到商业文化的侵袭，会导致地方精神空间被商业元素解构或重构。空间资本化还会造成原有文化体系被分散、分割、置换，直至碎片化、离散化、边缘化，最后被迫让位于商业文化而失去特色。空间资本化还会促使公共文化空间生产的异化。胡静与谢鸿璟明确指出，政治权力的规训、经济实力作用下的文化筛选、强势文化的介入实现对乡村公共文化空间的改造，吸纳了其他精神或文化元素，乡村展现出许多颠覆性特征，产生了

"过度的意义"。① 此外,过度的商业化模式倾向于服务城市游客的文化体验与额外要求,反而容易漠视乡村发展本地文化的诉求,或者侵占当地村民的文化权益,这对乡村公共文化空间的发展同样不利。

二、乡村公共文化空间生产的两种理性行为

德国哲学家马克斯·韦伯最早提出了人的两种理性的"合理性"概念——价值理性和工具理性,"价值理性解决主体'做什么'的问题,而工具理性解决'如何做'的问题"②。工具理性注重行为的量化方式和实践效率,价值理性注重行为的终极关怀和价值引导。本质上,工具理性与价值理性是辩证统一关系。"工具理性为价值理性的张扬提供现实基础,价值理性则为工具理性提供精神动力。"③工具理性与价值理性的整合与均衡能兼顾人与自然、公平与效率、技术与人文、发展与和谐、个体与社会等多个层面,实现健康稳定的发展,而对任意一方的偏颇很容易导致事物发展偏离预设的轨道,出现发展滞后或生成价值危机。

从乡村文化建设行为来看,乡村公共文化空间的各项生产活动都具有典型的目的性(为了满足精神或物质消费的需求),同时具有显著的诱导性(有计划地实现思想与行为的规训),自然也存在着上述两种理性行为,需要维护工具理性与价值理性的和谐与统一。同时,乡村公共文化空间的生产行为与发展导向同样会在两种理性行为之间产生各种博弈,以至于行为的动向会出现摇摆的局面,甚至还会出现此消彼长的现象。当然,我们要充分认清乡村公共文化空间生产中工具理性与价值理性的差异,理解二者之间的相互作用与彼此影响,并以此为基础,在乡村文化建设上维护文化的公共性与乡村的主体性。

---

① 胡静,谢鸿璟.旅游驱动下乡村文化空间演变研究——基于空间生产理论[J].湖北民族大学学报(哲学社会科学版),2022,40(02):99-109.

② 张宏.工具理性与价值理性的整合——教育技术发展的现实思考[J].教育研究,2016,37(11):28-32+53.

③ 彭国甫,张玉亮.追寻工具理性与价值理性的整合——地方政府公共事业管理绩效评估的发展方向[J].中国行政管理,2007(06):29-32.

(一)乡村公共文化空间生产的工具理性

乡村公共文化空间生产的工具理性是把乡村公共文化空间的建设与公共文化活动的实施看作为达成某种目的的工具,认为它是人们借助乡村公共文化空间的生产行为来实现主导者的意图,按照主导者的要求来开展各项生产任务,完成主导者制定的各种行为规程。工具理性关注乡村文化空间生产过程中的技术操作性与行为功能性,强调文化生产流程的规范性与技术设备利用的合理性,注重文化生产的科学性、先进性、合规性与实用性,注重文化生产的效率与劳动过程的优化,注重文化消费带来的经济利益倾向。在乡村公共文化空间的生产中,工具理性不仅体现在作为生产结果的物质产出与作为精神消费的内容产出上,还体现在对整个生产活动的评价指标上。因此,在许多地区对乡村公共文化空间的管理中,文化活动的场次、观众数量,甚至是门票收入都被纳入相应的统计指标中,成为乡村公共文化空间的生产任务与绩效核算的指标,从而将乡村公共文化生产活动演变为单向度的目的活动。

在工具理性的作用下,乡村公共文化空间的生产变成一种关注使用目的的生产行为,而且是一种在量化监督下的目的生产。乡村公共文化空间的各种生产行为都在某种目的驱使下被细化为具体的条目或项目,并成为度量的标准来监督生产的活动。于是,人们更加关注具体的项目功能与可见的项目进度,而非项目对人的塑造以及对文化产生的深远意义。当乡村公共文化空间的生产以目的与效率作为衡量的标准时,文化生产的最终目的将以功利作为其生产的理由,劳动效率成为决定空间生产的核心重点,而科学技术水平成为主导乡村公共文化空间生产成败的关键。这表明,在工具理性作用下,乡村公共文化空间的生产是一种高效率生产,也是一种典型的功利性生产,它自诩具有科学性,却有意淡化了人文因素,也忽视了乡村文化中的情感因素。

工具理性会推动乡村公共文化空间的生产快速达成既定的生产目标,迅速改变乡村公共文化空间的原有面貌,有效弥补乡村公共文化空间在某些功能方面的缺位。因此,工具理性极快的工作效率与迅速且显见的成果成为人们争先采纳的主要原因。工具理性能够在短期内推动乡村公共文化空间快速成长,制造出一种繁荣景象,甚至在某些方面产生颠覆性的转变,扭转长期未解的困局。因此,工具理性作为乡村公共文化空间生产不可或缺的一种理性,往往是人们趋之若鹜的选项。

工具理性有崇尚"功利"、追求"效用"的倾向,因为"持工具理性的人不是看重所选行为本身的价值,而是看重所选行为能否作为达到目的之有效手段"①。因此,当工具理性作用于乡村文化建设时,会推动乡村文化建设趋向功利性和经济效益,反而忽视了原初的需求。在工具理性的主导下,乡村文化建设的公共性受到了显著制约,而目的性则得到了彰显,尤其是在乡村利益相关者处于不平等的状况下,工具理性的偏向作用就会被明显放大,成为乡村公共文化空间生产的主导者、控制者、破坏者,这会让少数人获益,并不能真正体现出乡村的主体性与文化的公共性。

(二)乡村公共文化空间生产的价值理性

魏小兰认为,"价值理性是人们自身本质的导向,人在特定的社会存在中,受其价值观指导,形成对人生价值的领悟,以及对人生终极意义的追寻,由此产生头脑中的理想自我"②。它表明价值理性是以人为本的理性行为,是对自身存在价值的一种追寻行为。从这一点来看,乡村公共文化空间生产的价值理性强调在乡村文化建设中关注人的全面发展,强调对人性的关爱和对亲情的守护,它以传导乡村文化蕴含的价值理念与传承乡村文化的优秀文化内容为本,是一种理想的理性。乡村公共文化空间生产的价值理性会显著影响人们对信仰与价值观的看法,左右着人们是否接受传统文化所蕴含的道德观念,进而决定着人们对乡村文化的态度。可以说,乡村公共文化空间生产的价值理性是精神层面的至高生产引导,它体现在整个社会基础价值观上,体现在人们对生产与生活的态度上,体现在人们对自身文化的自觉与自信上。

在价值理性的主导下,乡村公共文化空间的生产以价值观的传递为主,

---

① 王锟.工具理性和价值理性——理解韦伯的社会学思想[J].甘肃社会科学,2005(01):120-122.

② 魏小兰.论价值理性与工具理性[J].江西行政学院学报,2004(02):63-67.

强调对传统优秀文化的维护,并排斥那些功利性的文化生产活动。乡村公共文化空间的生产本身就包含价值生产,其目的是在维护乡村族群的统一与社会的稳定下,引导人们树立正确的生活态度与价值观念,并抱有积极的理想信念。价值理性推动的乡村公共文化空间的生产活动,是以我们共有的价值观作为判别依据的。这种价值判断既体现出自身主体性的提升诉求,也体现出对乡村文化公共性的维护与坚守。因此,它包含有内在对自身发展的期望,也包含有社会公德长期形成的公约式约束,同时还包含有那些隶属统治阶层意识形态的各种规制。

价值理性对乡村公共文化空间生产的参与群体影响巨大。正如前面所言,乡村文化建设中存在着多个利益相关者,这些利益相关者各有诉求。同样,这些利益相关者对文化的态度也有各自的观点,即使他们抱有共同的信念与相近的价值观念,但在对乡村文化价值观念的重新理解与再次阐释中也会产生一定的差异,尤其是许多外部参与者存在着对本地文化的误解以及对城市文化的盲目崇拜。因此,当我们聚拢起这些参与者时,不可避免地会出现不同的价值观念或理解上的差异作用在乡村公共文化空间的生产上,必然会导致文化生产的价值导向出现各种类型的偏移。因此,价值理性有其自身的适用对象群体,依赖其文化底蕴与特色,并以其作为价值判断的依据和行动的出发点,这也是许多学者反对那些强制乡村发展遵照城市发展模式进行的核心基础。

价值理性不能作为一种虚空的理性存在,它要契合实际的发展情况,甚至要考虑地域因素差异的影响。换言之,在执行价值理性时要因地制宜,这也是中西方不同的原因。因此,需要对价值理性进行引导与控制。价值理性如果控制不好、引导乏力,会对乡村公共文化空间的生产活动带来严重的负面影响。乡村公共文化空间的价值理性偏离了社会共识,突破了原有的价值观,丧失了公共道德约束,这些都是价值理性偏离的体现。价值理性一旦偏离初衷就会产生文化冲突,进而演变为舆情事件引发各类社会矛盾。因此,对乡村公共文化空间的生产而言,应强化价值理性的引领,正确处理好传统价值观与现代价值观的关系,让优秀传统文化蕴涵的价值理念与伟大的马克思主义相结合,以社会主义核心价值观为引领,消除价值理性的偏颇行为。

(三)二者的相互协调

乡村公共文化空间生产的工具理性与价值理性都在追求自身存在的合理性。"所谓工具合理性是指能够以数学形式进行量化和预测后果以实现目的的行为。所谓价值合理性是指主观上相信行动具有排他性价值,无论如何都要实现的行为。"①不可否认,乡村公共文化空间生产的工具理性与价值理性应是相互支持相互促进的统一体。价值理性要借助工具理性来实现价值理想,而工具理性需要价值理性来维持其存在的合法性,工具理性服务于价值理性,价值理性为工具理性提供支撑。

要处理好二者的关系首先要避免对二者的误解,在文化生产过程中保持着合理正确的解读,尤其是对价值理性的认知,更要有明确、清晰且准确的判断,避免错误的研判。事实上,当前对二者的理解存在着许多误区,尤其是对价值理性的认知更是出现很大的偏差。翟振明认为,很多人对价值理性存在着非常深刻的误解,"如果某种价值观将目的与手段颠倒,我们可以断定这种价值观是不可取的","这样的所谓'价值观'里面所含的'价值'其实是反价值"②。它既需要我们从理论上深入思考,也需要我们从实践中去总结,并在二者的结合中找到适宜的答案。

乡村公共文化空间生产的工具理性与价值理性还需要一定的协调机制,推动二者相互协调、互为依仗、共同发展。它需要我们及时纠正错误的做法,防止工具理性过重或价值理性偏弱的现象,在二者之间维持统一与均衡。协调的手段与方式多种多样,应因地制宜地展开,既可以是引导性的,也可以是制度性的。引导性的协调主要是筛选一些典型的做法来参考,通过树立行为典范进行隐形规训。而制度性的协调则是通过政府层面建立的规章制度来消除理性的偏颇现象,或者通过组织内部达成稳定的协商机制来形成一种规范化的运作方式,从而维持二者的均衡,确保二者的理性行为受到一定的监督与约束。

---

① 张永青,李允华.浅析工具理性和价值理性的分野与整合[J].东南大学学报(哲学社会科学版),2008,10(S2):39-41.
② 翟振明.价值理性的恢复[J].哲学研究,2002(05):15-21.

协调有赖于评估,即通过乡村公共文化空间提供的各项功能与存在的各类行为进行独立评估,以判断其是否存在着理性行为失衡的现象。乡村公共文化空间目前有许多评估体系来维持工具理性与价值理性的统一。在乡村的文明实践站、文化礼堂、文化广场等公共文化空间,固定的活动类型、文化产品供给的数量、活动的场次与相应的主题等都被作为乡村公共文化空间理性行为评估的对象。尽管体系还不完善,但这些基本的评估对象能始终保证乡村公共文化空间的生产行为保持着正确的发展导向。我们不得不承认,乡村巨大的发展潜力早已引起了资本的关注,乡村公共文化空间也成为资本觊觎的对象,在空间资本化的作用下,资本引导的乡村建设活动会为乡村公共文化空间的理性行为带来许多变数,有些固然能显著推动乡村公共文化空间的优化,有些则会导致二者理性的失衡,这需要引起我们的警觉。接下来,将对这一现象做详细的阐释。

三、资本化后的理性失衡:工具理性的张扬与价值理性的衰微

乡村文化振兴引入社会力量的目的是借助社会力量来繁荣乡村文化,解决乡村公共文化空间萎缩的状况,推动乡村公共文化空间发展,最终实现人的精神满足。而商业化在盈利的驱使下,将文化活动与经济利益紧密联系起来,借助对公共文化空间的改造、规划与操控,从中攫取文化生产所产生的商业价值。二者目的存在着显著的差异,需要在乡村文化建设中好好把握,遵循平衡原则,防止偏颇行为的发生。当下,越来越多的乡村公共文化空间在空间重构中显现出过度资本化偏向,它破坏了工具理性与价值理性的统一,在乡村制造文化危机或道德失范,让乡村公共文化空间演变为文化冲突的场所。

（一）乡村公共文化空间生产的工具理性张扬

列斐伏尔说过，"空间既是手段又是目的"[①]。过度的空间资本化使空间纯粹成为资本增值的工具与手段，而非文化传承的空间与价值滋润的土壤。在消费主义推动下，资本与乡村公共文化空间的结合在乡村愈加普遍，越来越多的乡村开始"赶潮流""追洋味"，出现盲目追求工具理性的一面。

工具理性引导乡村文化空间趋向功利化。在工具理性和文化工业的操控下，乡村文化的商业化变革促使乡村公共文化空间的生产更加专注于商业诉求与经济效益产出，重经济效益轻社会效益，重潮流文化轻传统文化。这直接导致乡村公共文化空间的生产与传播被商业机构主宰，按照商业利益的大小被筛选、解构、重组，在乡村出现一种服务于外部文化消费的乡村文化工业化景象。这在贾云乾的乡村信仰空间考察中能得到证明，"人们更关注工具理性，一味追求财富""文化控制作用削弱，信仰呈现功利化与货币化倾向"[②]。这种功利化驱使还使乡村日益"商业景观化"，化身为追求利益的商业文化消费空间。在此，乡村原有的被乡土情感固化了的先在空间被现代工具逐步隔离、分化与挤压，有些地方甚至脱离了乡土本色，这使乡村公共文化空间变得更具流变性，以至于许多乡村在现代化过渡中，逐步出现了文化污染、道德失范、文化鸿沟等文化低劣现象。

工具理性让乡村文化空间的价值生产服务于资本增值的需要，让特色的乡土文化逐步市场化。在工具理性的驱使下，商业资本打着乡村文旅的旗号，将乡村公共文化空间转变为商业生产的原料，构建出各种各样的文化产品供人们消费，乡村公共文化空间的生产也全面地转向了空间消费。空间资本化促使越来越多的利益相关者采取各种手段，攫取乡村文化价值产生的收益，迎合外部空间消费的需要。他们往往为吸引眼球有意把一些所谓的"快餐文化""潮流文化""洋文化"装入乡村公共文化空间之中，以博得游客的短暂青睐。一旦陷入盲目追求利益的发展模式，经济利益将成为主

---

① 亨利·列斐伏尔.空间的生产[M].刘怀玉，等，译.北京：商务印书馆，2022：368.
② 贾云乾.文化社会学视角下村落信仰空间的发展与变迁——基于晋南 Y 村年祭习俗实地考察[J].理论观察，2022（03）：75-79.

导乡村公共文化空间生产的单一价值尺度,乡村则更易受外部环境的刺激,特别是商业文化的侵袭。服务于资本使乡村日益城市化、市场化、商业化,本地村民越来越多地失去了空间的控制权与使用权。

工具理性影响乡村公共文化空间的建设,使其背离了乡土文化的本真,并不利于传统优秀文化的传承与传播。当乡村公共文化空间的工具理性逐步摆脱了价值理性的制约,就会片面追求利润,让淳朴的乡土文化出于服务游客的目的被有选择性地呈现,许多富含本地文化特色的元素,如地方俚语、惯常做法等也会被有选择地遗漏掉。由此,乡村公共文化空间被精心改造成供游客娱乐休闲的场所,乡村公共文化空间所展现的各种文化也是精心筛选后的、契合商业需求的文化。同时,村民的传统生活方式被搬上舞台进行展演,沦为一种"功能性的空间呈现",村民的角色也由农业生产者化身为舞台表演者、文化消费引导者、体验服务者。乡土文化的选择性展演偏离了乡村文化空间价值的核心,脱离原有文化的本真,有些甚至逐渐丧失了优良传统文化所蕴含的积极的精神内涵,以及服务乡土社会的职能。

(二)乡村公共文化空间生产的价值理性衰微

"文化是多维的,人的价值和需要是多层次的"[①],而工具理性的张扬,必然会导致价值理性的衰微,从而忽略了人的真正需求以及自身存在的价值。从乡村文化需求端出发,工具理性成为统治乡村公共文化空间的核心思维,必然会加剧乡村文化价值生产的异化与理性的缺失,也必然会制造乡村文化的价值危机。

商业主导的空间规划和文化筛选会触发乡村公共文化空间的价值生产异化。乡村公共文化空间的生产与再生产具有重要的价值导向作用,所传递出的价值追求和审美意识会深刻影响人们的信仰与行为方式。在消费需求的驱使下,乡村公共文化空间的"景观化"使越来越多乡村为了满足视觉与感官体验而舍弃了原有文化的价值内涵,原有的情感共同体也被利益共同体所取代。从行为的动机来看,在商业化的作用下,空间生产的动力由价值观念的规训演变为经济利益的诱导,这是直接将商业价值观强加给了"公

---

① 赵建军.超越"技术理性批判"[J].哲学研究,2006(05):107-113.

共性"。正如徐贵权所言,"乡村文化工具理性价值的扩张,不可避免地弱化乃至消解乡村文化的价值理性"①。

主体性危机会引发乡村公共文化空间的价值收缩。"价值理性是一种以主体为中心的理性。"②吸引社会力量参与乡村文化的现代化建设,是乡村振兴的重要手段。外部利益相关者的到来,在一定程度上繁荣了乡村文化,但也从村民手中接替了部分文化生产的权力,无形中削弱了村民的主导地位。同时,商业化、市场化容易遮蔽村民的文化诉求,挤压村民日常的文化实践空间,破坏主体传播传统文化价值的延续性。再加上城镇化进程中大量的乡村精英外流导致乡村缺乏足够的人才队伍从事乡村文化的生产,无形中压缩了乡村公共文化空间的活动范畴。总之,对主体性的忽视,不仅会丧失主体自我文化创作的能动性,还会导致乡村文化的资源价值得不到开发利用,文化价值功能的实现同样会大打折扣。

公共性的持续弱化会拉低乡村文化的价值认同。公共性是乡村公共文化空间的本质属性。③ 对乡村公共文化空间而言,空间的生产不仅是文化产品的生产、文化活动的生产,而且是乡土社会生产关系的再生产,为整个乡土社会供给精神食粮,属于公共生产的范畴。借助文化的生产与再生产,乡村公共文化空间不仅成为维系乡土社会的纽带,而且塑造了乡村的整体认同,标识了乡村文化的特征,规制了乡村的内在秩序。在空间资本化与工具理性的共同支配下,乡村公共文化空间的生产不再服务于公共需求,转而去满足特定群体的文化消费需求,为追求利润而生产。逐利引导下的文化生产与再生产必然会对原有公共文化空间进行变革与再造,它会偏离原有文化所蕴含的审美、标准、价值,从而导致传统文化的迷失与本地公共性的不足。一旦出现这种状况,不仅难以彰显乡土社会特有的文化价值观和伦理观,还不可避免地会拉低乡村文化的价值认同,出现排斥乡村文化的现象,其结果是乡村公共文化空间逐渐失控,产生分裂、脱节、冲突、失衡等多重矛盾。

---

① 孙庆忠.离土中国与乡村文化的处境[J].江海学刊,2009(04):136.

② 徐贵权.论价值理性[J].南京师大学报(社会科学版),2003(05):10-14.

③ 张诚.回归公共性:消费社会中乡村公共空间的资本化及其超越[J].求实,2021(02):98-108+112.

四、回归价值理性:乡村公共文化空间的价值再生产

党的二十大报告明确要求,要广泛践行社会主义核心价值观,把社会主义核心价值观融入法治建设、融入社会发展、融入日常生活。在乡村振兴背景下,乡村文化振兴必然是朝着服务乡村振兴、服务乡村文化建设、服务乡村文化需求的方向发展的。它要求乡村公共文化空间的生产回到价值理性层面,切实关注乡村文化价值的所在与所用,以乡村本体的核心价值理念来指导空间的生产与消费,突出乡村的主体性与文化的公共性,践行文化实践与价值导向相统一的原则。这需要推动乡村公共文化空间的价值生产契合国家对乡村文化发展的规划、契合乡村文化振兴战略、契合传统文化传承与宣扬的需要、契合当地村民的文化诉求。

(一)以文化自觉、文化自信激发乡村公共文化空间再生产的主体性与公共性

文化自觉是费孝通基于中国乡土社会的现状而提出的发展乡村文化的内在激励机制。他认为,"'文化自觉'指生活在一定文化中的人对其文化有'自知之明',明白它的来历、形成过程、所具有的特色和它的发展趋向"①。文化自觉强调对自身文化理念的"自知之明",文化自信强调对自身文化信念的"坚定不移"。文化自觉与文化自信都着重于对自身文化价值的认知、认可与坚守,是文化主体的主观能动性与文化客体创造性的具体体现,关乎整个民族文化的赓续与发展。价值理性是文化主体体现自主性、能动性应有的品格,有自发性与自觉性之别,前者是低阶意识能动性的体现,后者则是追求人性最高价值的自我实现。② 价值理性的实现必须依赖于对自身文化的生产与消费从自发性走向自觉性。乡村文化振兴为乡村公共文化空间注入多样化力量,不仅参与主体的成分发生了巨大的改变,而且文化元素有

---

① 费孝通.对文化的历史性和社会性的思考[J].思想战线,2004(02):6+3.
② 魏小兰.论价值理性与工具理性[J].江西行政学院学报,2004(02):63-67.

许多新的融入，空间构造、空间元素、空间活动等内容同样发生了变革。为了防止乡村公共文化空间的价值生产异化，坚持价值理性原则，以主体性和公共性主导乡村公共文化空间的再生产与消费，就显得非常有必要。

首先，要充分认知自身文化资源的价值，认同自身文化的内涵与理念，通过乡村公共文化空间的自我表征和自我再表征，在自觉性价值理性的引领下构建出适宜乡村发展的公共文化空间，体现出优秀传统文化在新时代的张力，让乡村公共文化空间在现代化重构中始终能展现出自身的文化特色，而非一味地"城市化"。

其次，要抓住乡村文化振兴的机遇，秉持发扬优秀传统文化的文化自觉与文化自信理念，不断强化乡村公共文化空间的主体理念建设，以自觉性价值理性武装乡村公共文化空间的利益相关者，激发与引导社会力量助力"新农人"，让乡村公共文化空间的生产与消费更加契合新型农民的主体性需求。

再次，要立足于乡村文化的公共性本质，以价值理性为出发点，落实空间的社会与政治功能责任，结合科技打造现代版"新乡土文化"，在乡村广泛传播，使其成为乡村公共文化空间消费的精神食粮。

（二）以核心价值观引领乡村公共文化空间的生产与消费

优秀传统农耕文化是乡村公共文化空间的根基，蕴含着丰富的人与自然和谐共生的理念，以及乡土社会长期积淀形成的思想观念、人文精神与道德规范。长久以来，乡村公共文化空间的基础结构是基于农业生产活动为主体的文化生产关系，是稳固乡土社会集体性的基石，同样是乡土社会自我发展、自我调节的依据与源泉。在消费社会里，乡村空间消费意识的觉醒带动了乡村空间文化的生产与消费，乡村文化的发展不再局限于原有文化的累积与本地资源的开发，转而积极吸纳潮流文化、城市文化与西方文化，它对乡村公共文化空间的主体地位、生产关系、利益关系、文化消费方式等产生了颠覆性影响。如果不加以引导，避免商业化的过度影响，容易造成乡村公共文化空间发展的断裂、传统文化价值的滑坡以及文化资源被肆意地破坏，会给当地造成长期严重的负面影响。

2017年12月，习近平总书记在江苏徐州市考察时强调，"要推动乡村文化振兴,加强农村思想道德建设和公共文化建设,以社会主义核心价值观为引领,深入挖掘优秀传统农耕文化蕴含的思想观念、人文精神、道德规范,培育挖掘乡土文化人才,弘扬主旋律和社会正气,培育文明乡风、良好家风、淳朴民风,改善农民精神风貌,提高乡村社会文明程度,焕发乡村文明新气象"。文化空间的价值生产是文化空间的核心目的,也是价值理性真正的体现。乡村公共文化空间的发展应由社会主义核心价值观作引领,乡村公共文化空间的价值生产必须与它保持一致。本质上,文化空间的生产与再生产就是引导人们接受思想的规训,树立既定的价值观,维持群体的生存与发展。列斐伏尔说过,"我们所谓的意识形态,只有通过侵入社会空间及其生产,从而接纳那里的身体,才能实现持久存在"[1]。要防止乡村公共文化空间再生产的价值异化,必须在价值生产上坚持正确的引导,即在社会主义核心价值观的引领下树立价值理性的发展理念:一方面要秉持人与自然的和谐共生理念,找到改善乡村生活条件与村落原真性保护的平衡点,让社会主义核心价值观贯穿乡村公共文化空间的实体空间与意象空间;另一方面应以人文价值与可持续发展理念为基础,提炼出乡村本地的优秀文化元素,将其运用到空间的实践中,以符码化强化它们在文化空间中的表征,推动乡村文化更加富含人文价值,更具有时代性。

(三)强化乡村公共文化空间的价值治理

所谓价值治理就是对"价值失范"进行治理。[2]"价值失范"是价值观念偏离了国家或民族共同认可的法律、道德、规范、习俗等要求。资本下乡发展乡村文旅与文化产业,挖掘乡村文化的商业价值,但如果一味地追求商业利益,必然会打破传统文化生产的工具理性与价值理性的统一,产生大量的"价值失范"现象。例如一些乡村的村民为了迎合"观众"即游客对乡村文化的体验需求而突破了传统习俗的约定,或者为了博取眼球故意再现某些早已被认为是糟粕的内容。这种现象产生的根源在于人们片面地强调工具理性所主导的商业绩效成果,忽视了价值理性对人的心智发展所起的激发引

---

① 亨利·列斐伏尔.空间的生产[M].刘怀玉,等,译.北京:商务印书馆,2022:67.

② 石永泽.以价值治理为文化强国提供精神动力[N].文汇报,2014-02-11.

导作用。"价值失范"违背了乡风文明的品格要求,扭曲了共有的价值观,容易误导大众,不利于乡村年轻人的健康成长。因此,必须用正确的价值观对其进行价值治理。

乡村公共文化空间的价值治理首先要坚持社会主义核心价值观,并以其作为参考标准对乡村公共文化空间内的各种文化元素进行审视和扬弃,剔除掉那些充满低俗的压抑性元素和激扬性元素,让乡村公共文化空间的再生产与消费保持正向的价值理性。价值治理的主要任务是提升价值认知,化解价值冲突,增强价值信任,强化价值行为。提升价值认知是通过对乡村公共文化空间的价值感知使主体产生自觉性价值理性,在乡村公共文化空间再生产的实践中获得文化价值的指引;化解价值冲突是要正确处理好工具理性与价值理性的关系,让工具理性为价值理性服务;增强价值信任是在文化自觉、文化自信的基础上不断深化对传统文化的认知,增强乡村公共文化空间再生产的主体性;强化价值行为则是以弘扬传统文化价值为己任,践行价值理性的乡村公共文化空间的再生产与消费行为,让乡村文化中的优秀内容和优良价值观得到更广泛的扩散。

乡村振兴作为一种积极、创造性的力量在推动乡村现代化的同时,也为乡村公共文化空间带来了许多变革。资本下乡赋予了乡村公共文化空间的活力,但也增加了文化价值理性偏离的风险。正确地处理好乡村公共文化空间实践中的工具理性与价值理性的关系,坚持乡村公共文化空间再生产的主体性和公共性,是乡村公共文化空间再生产行动的关键。只有以工具理性为手段,以价值理性为目的,在正确的文化价值观的引领下合理地引导乡村公共文化空间的再生产实践与理性消费行为,才能使乡村文化发展向着正确的道路前进,才能弘扬优秀传统文化、实现乡村文化振兴。

第五章

基层媒体的引导与推动

政府是乡村文化建设的主导者,从意识形态上主导着整个乡村文化建设的走向。因此,政府不仅从精神层面为乡村提供各种文化资源,还调动资金、人力、物资来构建各种文化实体,如图书馆、文化室等,全面引导乡村的精神消费。从现有的举措来看,政府对乡村文化建设的引导与管控,主要从两点入手:一方面借助政策引领与制度建设、基础设施供给与功能管束,规划乡村文化建设的整体布局,以直接管控的方式来主导乡村文化建设;另一方面借助基层媒体的教育涵化、舆论引导、交流平台搭建来操控乡村文化建设的发展方向,为乡村文化建设注入一定的文化资源与政府所需的意识形态,从而达到以媒体治理基层的目的。问题是,基层媒体作为政府主导的媒体机构,如何在引导过程中体现乡村文化建设的"主体性"与文化的"公共性",并与政策保持一致性? 它需要我们通过分析基层媒体在乡村的作用,从乡村用户出发,维护乡村文化建设的主体性。

2018 年 8 月 21 日,在全国宣传思想工作会议上,习近平总书记作出了"要扎实抓好县级融媒体中心建设,更好引导群众、服务群众"的重要指示。①这一根本性、方向性、原则性的指向,是基于国家对媒体发展格局的全面理解以及县级融媒体中心所处的媒介空间地位的精准把握,兼纳国家舆论引

---

① 习近平.习近平谈治国理政(第三卷)[M].北京:外文出版社,2020:313.

导与基层群众发展的需求,弥补了基层传播体系中政府角色的缺位,基础性地完善了国家现代传播体系。同时,我们要看到,在社会媒介实践日益普遍的今天,尤其是在"媒体格局、舆论生态、受众对象、传播技术发生深刻变化的时代背景下"①,乡村社会的媒介意识普遍觉醒,县级融媒体中心要真正实现"引导群众、服务群众"这一目标,有两个必须要克服的难题:其一,在乡村社会媒介意识普遍觉醒的语境中如何有效对接乡村社会媒介接触需求,释放乡村媒介应用活力?其二,如何在实力雄厚的互联网公司、中央省级媒体与大型传媒集团的多重挤压下打造出能够联结乡村基本生活并具有乡土特色的传播平台粘住乡村村民,而非仅成为一个可选的信息获取平台?要破解上述难题,就有必要从乡村村民媒介实践的视角出发,深入理解县级融媒体中心在乡村振兴中所应发挥的巨大作用,不断强化国家对县级融媒体中心的指导,推动县级融媒体中心承担起激发、引领、振兴乡村的重任。

本章立足于乡村文化的传播变革,以县级融媒体中心为乡村村民发声提供舞台为目的,探索作为基层主流媒体的县级融媒体中心如何助力乡村触媒,为乡村文化建设提供新的发声渠道与新的传播领域,并在乡村文化建设中正确引导乡村文化建设的发展,提升乡村村民触媒能力与意识,从而服务于乡村文化建设的主体性,在虚拟领域开拓乡村文化的公共性。

一、底层发声与媒体帮扶

据中国互联网络信息中心(CNNIC)发布的第 47 次《中国互联网络发展状况统计报告》显示:截至 2020 年 12 月底,我国网民规模达 9.89 亿,我国农村网民规模达 3.09 亿,占网民整体的 31.3%,较 2020 年 3 月增长 547 万,而我国的非网民规模为 5.41 亿,其中农村地区人群占了相当大的比例,农村中非网民占比为 62.8%,远远高于城镇地区的 37.2%。让人瞠目结舌的数据差异暗含着一个数字化发展困境,即乡村村民在数字化领域面临着知识结构欠缺的问题,尤其是主体网络素质的显著差异在城乡之间制造了一个

---

① 谢念.贵州县级融媒体中心建设探索与实践[J].中国出版,2019(22):3-6.

典型的数字鸿沟,由此出现了马太效应,进而吸引走乡村剩余的精英。它直接阐明乡村文化建设面临着数字人才瓶颈,特别是在互联网日益嵌入人们生活并已迈入万物互联的语境中,同样在借助媒体的力量实施文化传播和素质培育已经成为社会总体发展的基本模式下,乡村大量非网民群体的存在显然对新时期乡村文化建设不利。如果这一问题得不到解决,城乡数字鸿沟及其引发的各类不良效应仍将持续,甚至会制造各种舆论问题。当然,我们不能忽略这一点,借助网络渠道发声已成为乡村传播在新时代突破原有瓶颈的一个重要选项,它已经超出了原有的传播模式,增强了乡村村民的主体意识:"有着自觉的农民身份认同和强烈的叙事主体意识,以'底层发声'范式突破了原有的'为底层发声'范式。"①借助网络渠道为乡村发声,传递乡村文化影响大众,并接受网络上大量的文化、教育、科技信息,逐步缩小城乡之间的信息鸿沟、技术鸿沟、理念鸿沟已成为越来越多的乡村青年群体改变自身传播渠道的主要选择。也正是通过这种新型手段,乡村文化建设从传统的人际模式、物理模式走向网络模式,让乡村青年群体在互联网中重新找到了归属感。"乡村青年通过'快手'重塑乡村社会形象、传播和再生产乡土文化的传播行为,使当代乡村的意象及其价值观念得到更多人的认同,并进一步确认乡村青年的身份认同。上述'日常生活—媒介呈现—重塑认同'的关系成为乡村青年群体确认自我身份的一种认同机制。"②

要理解媒体传播对乡村文化建设的作用,必须先理解在乡村扎根已久的传统文化传播模式,以及其为乡村文化建设的主体性与公共性所做的各种推动与限制,才能理解国家发展基层主流媒体并以其引导乡村文化建设的要求。自梁漱溟等早一批先辈为乡村文化建设大声疾呼以来,乡村文化建设所关联并主导的乡村社会结构一直都是大家探讨的对象。费孝通先生总结的差序格局所形成一种以血缘、亲缘为核心逐步向外扩散传播结构得到了广大学者的认可,也是"乡土中国"得以真正体现其理念核心的所在。正如陈洪友所言:"我国乡村传统的传播基础结构包括以村民个体为中心的

① 张爱凤."底层发声"与新媒体的"农民叙事"——以"今日头条"三农短视频为考察对象[J].广州大学学报(社会科学版),2019,18(04):49-57.
② 徐婧,汪甜甜."快手"中的乡土中国:乡村青年的媒介呈现与生活展演[J].新闻与传播评论,2021,74(02):106-117.

差序结构关系、面对面传播的结构形式、'己群'传播为基础传播组织的微观结构，由家族、村集体政权构成的中观结构，以及大众传媒所建构的宏观结构。"①在这种传播基础结构下，一直有"皇权不下县，县下皆自治"的说法，传统乡村文化的主体性长期体现在本地乡绅、乡贤主导的日常活动中，而公共性同样被局限在乡村社会关系特有的差序格局中。可以说，乡村文化传播的局限性非常明显，也难以突破，但正是这种习以为常的传播模式，也让许多有特色的传统文化得到全力保全，民族遗风得到有效传承，让乡村文化扎根乡村，得到延续。网络社会的裂变式的传播模式彻底颠覆了原有乡土传播结构基础。"当下互联网日益成为驱动乡村振兴发展的先导力量，正解构着传统的乡村传播结构，一个由互联网建构的媒介框架逐渐形成。这种新型的乡村传播结构重塑着乡村话语体系和故事结构，将建立在此基础上的乡村归属感——乡愁由实景引向拟态。"②虚拟让乡村文化建设多了许多选择，它给乡村文化青年提供了发声的平台与契机，同样也赋予乡村文化强化公共性的载体。前面的统计数据无不在说明这样一个事实：这种选择机会并不是无条件的，它还存在一定障碍，至少表现在信息领域上。有学者认为，新时代农村信息传播主阵地面临三个方面的问题：一是城市和乡村"数字鸿沟"依然突出；二是受人才和经费制约，涉农信息吸引力有限；三是农村意识形态阵地脆弱，易受不良思想侵蚀。为此，我们应抓住5G信息时代传播迭代的契机，全面提升农民科技和文化素质，抢占农村意识形态主阵地，激发农业和农村全面振兴意义重大。③　总之，乡村文化的传播在新的信息领域面临突破自身主体性与公共性的契机，但也存在着信息素养的门槛，只有通过提升参与者的信息素养水平，才能真正地利用网络渠道达到传播乡村文化的目的。

　　新近崛起的快手、抖音、火山小视频、西瓜视频等短视频 App 在乡村迅

---

①　陈洪友.从差序格局到新媒介框架——我国乡村传播结构转型的考察[J].编辑之友，2020(09)：43-48.

②　陈洪友.从差序格局到新媒介框架——我国乡村传播结构转型的考察[J].编辑之友，2020(09)：43-48.

③　凌云.5G 时代乡村振兴战略背景下农村信息传播主阵地探究[J].新闻爱好者，2019(12)：89-91.

速的传播,极大地填补了大众传播在乡村长期的空缺,为乡村村民发声提供了新的舞台与更加便利的展示窗口。它们提供极简的操作模式,兼容多种移动终端,运用大量营销手段来"武装"乡村村民,为媒体下沉提供更多的契机。"在短视频浪潮中,乡村空间大体上经历了土味实验、空间生产、媒介认同三个阶段的重构,此过程反映了审美趣味的悖反与重塑、创作主体的生成与拓展、视觉修辞的对峙与合流。在这种媒介生态下,乡村自媒体人面对着挑战与机遇,逐渐以积极的姿态参与到这场关于城乡空间释义和大众话语赋意的媒介嬗变中,成为乡村振兴战略的重要注脚。"①视频发声模式创新了传统乡村文化传播的方式,解锁了乡村文化传播向外拓展的各种束缚,使得乡村文化能够登上媒体的舞台,而非底层自我的流动。毫无疑问,渠道障碍依然存在,传统文化的表达方式并不适用于网络,需要新的叙事手段与叙事策略才能打动与乡村缺乏交集的城镇居民,甚至是域外的阅读者。"从现阶段的经验来看,乡村短视频的创作与传播既要依托那些异于都市的'物体系'来进行叙事,也要调整创作主体所属的传播角色来汇入主流的话语场域,让'土味'不土、'空间'不空、认同'不同'。"②这需要借助外部的力量有针对性地开展媒体帮助,为乡村发声提供技术支持、策略引导、营销辅助等,放大乡村的声音。同时,要积极开展价值观引导,强化内容审核,为乡村发声把关,让乡村在媒体上合适、合理、合意地表达自己,防止一些低劣腐化的思想与观念借助乡村名义在网络上肆意传播。

以媒为力,助力乡村振兴是基层媒体的重要职能。基层媒体的近地优势让其在乡村文化的宣扬上能有所作为,尤其是在帮扶乡村发声上能够提供渠道、技术与资源支持。当前,主流媒体为适应媒体格局演变的趋势主动变革,打开了服务基层尤其是乡村的新通道,实现了基层媒体的区域一体化重构。"主流媒体实现了由城市传播向区域传播、由公益性传播向建设性传播、由传播者角色向参与者角色转变的功能扩张,其中引导能力、传播能力、组织能力、教育能力、生产能力、协调能力是区域一体化传播重构的要

---

① 刘汉波.从土味实验、空间生产到媒介认同——短视频浪潮中的乡村空间[J].学习与实践,2020(06):116-124.

② 刘汉波.从土味实验、空间生产到媒介认同——短视频浪潮中的乡村空间[J].学习与实践,2020(06):116-124.

素构成。"①主流媒体的区域一体化本质上与乡村文化传播的区域性扩散模式相契合,而且进一步结合了新媒体的传播方式与传播手段,因此对乡村发声具有重要帮扶作用与助推意义。以浙江安吉县融媒体中心为例,"浙江安吉新闻集团扎根县域、深耕基层,积极探索县级融媒体发挥主流舆论阵地、综合服务平台、社区信息枢纽三大功能的路径:以互联网思维布局媒体融合,通过合纵连横实现多屏深融,全方位打造传播矩阵,用跨屏、跨网、跨业态的互动传播格局筑牢基层宣传思想文化的主战场和舆论阵地"②。基层媒体对乡村文化的宣扬以及主体能力的帮助都有助于乡村主体性建设与乡村公共性的扩张。

　　基层媒体服务乡村还有助于乡村的治理。现代化的乡村治理不仅需要新的外部力量来改变乡村乡貌,还需要借助媒体力量的支持来推动移风易俗、革新发展理念、创新传播形式,从而达到思想变革指导行动转变、表达形式创新提升影响力的目的。因此,具有近地优势的基层媒体完全有助于乡村治理活动的开展,借助媒体引导与推荐,协助乡村摆脱原有的媒介形象,从而走向善治,"大众传播是一种'软性'治理策略,并且建构了国家、基层政府与农民之间的'三角'关系,容易形成乡村社会博弈力量的均衡,有利于趋向乡村善治"③。而且,沟通是乡村的基本治理手段,新媒体的运用有助于强化沟通,从而加强乡村内部、乡村与外部利益相关者之间的联系,扩大它们之间的信息流,消除信息误差。当前,在乡村开展的各种治理行为,主要是德治、法治、自治,都需要借助媒体宣传来辅助治理活动,并以媒体效力达到巩固自身阵地的目的。再者,乡村的德治、法治与自治都需要明确的规则与制度来推行,因此,也需要建立广泛的共识来推动。这需要借助媒体的力量,推动乡村村民与外部利益相关者接受一种共同遵守的约定。基层媒体还能推动乡村信息化,以信息化减少治理流程,提高治理透明度,避免基层治理的"黑箱"现象。

　　①　刘锦岳,刘玉军.从扶贫攻坚看城市主流媒体"区域一体化"重构[J].中国出版,2021(03):59-64.

　　②　黄楚新,黄艾.超越链接:我国县级融媒体中心建设的2.0版[J].编辑之友,2021(12):19-24.

　　③　王越,费爱华.从组织传播到大众传播:国家治理乡村社会的策略演进[J].南京社会科学,2012(04):117-123.

我们不可否认,乡村早期的传播体系仍然在发挥作用,尤其是在媒介变迁中逐渐处于边缘地位的农村大喇叭,仍不时看到它在乡村发声的场景。

二、多角透视下的落点偏差

县级融媒体中心作为国家政策主导下的基层媒体自我变革后的新型组织,对其服务乡村振兴的功能探索,应先透过相应的政策指引、实践探索以及相关的科学研究,综合多个视野的观点从整体上把握县级融媒体中心的媒体本质与核心职能,再就乡村社会媒介实践面临的根本性问题做出科学、准确的判断,为进一步深化县级融媒体中心在乡村振兴中的功能提供实质性的引导。

(一)国家政策指引下的功能定位

习近平总书记对县级融媒体中心建设的重要指示,深刻阐明了县级融媒体中心功能的要旨,指出了县级融媒体中心建设着力的根本方向,即"引导群众"与"服务群众"。基于这一总体定位,2018 年 9 月,中宣部在浙江省湖州市长兴县召开县级融媒体中心建设现场推进会,进一步明确县级融媒体中心的功能,即"努力把县级融媒体中心建成主流舆论阵地、综合服务平台和社区信息枢纽",由此形成了"一个中心三点拓展"的总体功能规划。紧跟着,中宣部与国家广播电视总局先后发布并实施了《县级融媒体建设规范》《县级融媒体中心检测监管规范》《县级融媒体中心省级技术平台规范要求》《县级融媒体中心网络安全规范》《县级融媒体中心运行维护规范》五项规范,明确提出要贯彻"媒体＋"功能定位,深化"媒体＋政务""媒体＋服务"等业务,通过"整合县级广播电视、报刊、新媒体等资源,开展媒体服务、党建服务、政务服务、公共服务、增值服务等业务"[1],从而将县级融媒体中心的

---

① 国家广播电视总局.《县级融媒体中心省级技术平台规范要求》《县级融媒体中心建设规范》发布实施[EB/OL].(2019-01-15)[2021-04-15].http://www.nrta.gov.cn/art/2019/1/15/art_3557_41835.html.

功能范畴以制度形式集中在上述六个方面。从乡村社会媒介视角出发可以看出,国家出台政策的目的是希望借助对县级融媒体中心功能的总体设计,在乡村社会搭建起契合时代发展的新型传播平台,在数字时代重新稳固乡村舆论阵地,激活乡村社会的数字媒体活力,为乡村社会摆脱信息贫困、适应媒介发展演变、共享媒介发展红利提供舞台与契机。可以说,提供满足乡村社会适应数字社会所需的媒体服务是政策出台的依据与根本目的。

(二)县级融媒体中心的自我实践探索

实践中的县级融媒体中心建设基本遵循了这一总体规划,在摒弃了传统的媒体生产方式与传播模式之后,实践出各具特色、因地制宜的多元发展模式,如"长兴模式""望城模式""邳州模式""玉门模式"等,在新时期重新稳固了"中央—省—市—县"四级传播体系格局,在数字时代保持住了生存力、竞争力与影响力。总体来看,各地县级融媒体中心建设借助的是"技术+体制"的双轮驱动,积极融入了互联网思维和最前沿的新媒体传播理念,重点围绕"融"与"媒体+"做文章。其中,"融"主要实现指挥、编辑、采写、发布等各级部门的高效联动与资源统筹,达到"一次采集、多次生成、多元传播"的效果,并借助新型传播云平台构建"三微一端+网络+报刊"全媒体矩阵与创意工坊,产生聚合共振效应。在"融"作用下,推出了一些新型云平台,如安徽"海豚云"、江苏"荔枝云"、甘肃"祁连云"等,一大批体量小、传播快、感染强的短视频、微直播、H5等网络精品纷呈迭出。"媒体+"则在原有媒体功能基础上不断拓展应用,探索"媒体+政务+服务"等多重功能,构建高黏性的地方信息服务平台。"媒体+"激活了县域内零散的媒体资源,在"基层党建""文旅推广""抗击疫情""三农"服务等方面发挥出巨大的作用。县级融媒体中心在强化自我转变的同时,积极吸纳社会媒体公司的参与,以技术升级强化回应机制,以管理重构提升影响力,以现代传播实现迭代更新,走出了一条融合发展的道路。例如,广西广播电视信息网络股份有限公司在2019年联手新华社新闻信息中心共同组建了县级融媒体中心建设服务团队,开展县级融媒体中心系统平台及客户端建设、供稿服务、人员培训等方面的合作,携手打造"县级融媒体技术云+新华社县级融媒体专线内容+专业团队服务"的"广西模式"。① 总之,在"相融""相加"的推动下,各地县级融媒体中心积极整合基层资源、重构组织、嵌入技术、建设平台,极大地夯实了基础建设,相继开通了形式各异、极具地方特色的服务功能,展现出灵活多样、因地制宜的建设策略,在经历蜕变迭代后的基础建设也取得了突破性进展。

(三)学者对县级融媒体中心的期望

学界的探索有助于理解县级融媒体中心的功能。在基于历史继承与现实创新的考量后,有学者认为,舆论引导和公共服务应是县级融媒体中心的核心功能②,这从理论上契合了县级融媒体中心建设的初衷,公共服务顺理成章被认为是县级融媒体中心的一个核心功能板块。在社会逐步平台化的进程中,县级融媒体中心迅速发展出的"媒体＋政务＋服务"方式展现出诸多平台化特征,因此,有学者建言将县级融媒体中心定位为基层的舆论阵地平台、服务平台与形象平台③,期望它突出平台功能,并借助平台化与组织化重建基层媒体④。随着县级融媒体中心社会治理作用的逐步发挥,议题的指向开始从满足基层信息需求向社会管理领域拓展。有学者认为,县级融媒体中心的功能应是传播、服务、治理三种功能的叠加。⑤ 也有学者引入文化元素,认为县级融媒体中心最核心的竞争力当数对县域文化的关切、融入与引领⑥,进而提出一个容纳政治沟通、社会整合、民生服务、文化黏合四项功

---

① 百色新闻网.新华社新闻信息中心与广西广电网络公司签订县级融媒体中心建设合作框架协议[EB/OL].(2019-12-07)[2021-03-18].http://news.bsyjrb.cn/content/2019-12/07/content_154330.htm.

② 马俊.继承与创新:县级融媒体中心核心功能的新思维[J].当代传播,2020,(04):67-70.

③ 谢新洲,柏小林.全国县级新媒体发展调查分析[J].出版发行研究,2018,(12):5-11.

④ 沙垚.重建基层:县级融媒体中心实践的平台化和组织化[J].当代传播,2020,(01):30-33.

⑤ 张巨才,李晓宇.功能定位:县级媒体深度融合的基础和指南[J].河北学刊,2021,(04):210-215.

⑥ 陈守湖.媒介·文化·政治——县级融媒体运行机制的三重逻辑[J].陕西师范大学学报(哲学社会科学版),2021,50(01):143-151.

能的重构框架①。总体来看,学者对县级融媒体中心功能的期望与基层的振兴发展存在着莫大的关系,希望依仗县级融媒体中心的发展协助基层变革与发展,实质是一种以基层发展为中心的功能观,体现出对基层发展的关切。

基于上述的梳理来看,现实中的县级融媒体中心在自身的功能实践上与国家对其功能的设定以及学者的期望之间存在着一定的偏差,即实践中县级融媒体中心仍过多强调自我发展,倾向于建构模式的打造、媒体资源的整合、职能范畴的拓展。

从乡村社会发展的视域来看,这种发展偏向同样与国家以乡村村民为主体的服务要求存在着一定的偏差,它忽视了乡村村民主体在媒介认知上的自觉与自主性,不可避免会导致"无论是内部还是外部系统整合,若都以模式先行,不考虑根本的用户市场和用户需求,其建设都无异于缘木求鱼"②。乡村社会的发展应以当地村民的需要为主,媒体的融入仍然得依靠村民的媒介实践。换言之,"关注底层表达的信息赋权与满足用户'在场感'的视觉赋魅,应作为县级融媒体内容生产的新方向"③,如此才能真正成为乡村社会的"信息枢纽",才能彻底摆脱传统媒体的建构思维,科学合理地深化县级融媒体中心的功能,使其在帮助乡村振兴实践上充分施展出自身的媒介作用并得到广泛的认可。

三、传播变革下的服务脱节

对县级融媒体中心在深化乡村媒介应用的探求上,既要考虑现有参与各方的核心诉求,还应体察外部传播格局的交替与演变对基层媒介实践制造的影响,以及作用的对象即乡村村民在媒介上的切实需求,继而从整体上

---

① 王智丽,张涛甫.超越媒体视域:县级融媒体中心建设的政治传播学考察[J].现代传播(中国传媒大学学报),2020,42(07):1-6.

② 国秋华,陈乐.多边"下沉"中县级融媒体中心建设的问题与对策[J].中国编辑,2020(11):73-78.

③ 李京.以人为本:县级融媒体内容生产新路径[J].中国出版,2020(08):48-51.

理解县级融媒体中心理应发挥的作用、存在意义与应该着力的方向,尽可能地避免功能错置与资源浪费。为此,本研究将县级融媒体中心置入当下媒介变革的语境中,结合对乡村村民需求质变的理解,重新审视县级融媒体中心为乡村社会发展所应发挥的作用,拟借助视域转换获得新的启示。

(一)基层传播的变革与中介功能的弱化

进入 21 世纪以来,网络媒介与数字技术缔造的时代质变深深地重构了社会延续已久的关系与结构,标记、数据、编码、算法等智能元素在数字技术支撑下纷纷登场,融入人们日常的生产与生活方式中,推动整个社会全面数字化升级,从根本上影响着社会传播体系的变革。其中,传播技术从背后走向前台,利用算法与数据勾连用户的日常行为,借助各种智能设备串联起事物与活动,从而替代了传统惯常的推广与交流手段,催化出诸如"机器新闻""AI 主播""智能分发"等富含数字特征的新事物在全社会迅速扩散,形成一大批新的产业、新的业态、新的商业模式,深刻影响到乡村社会村民的日常行为。诚如戴维斯和霍斯特所言,"媒体的整体景观正在发生深刻的变化"[①]。受此影响,县级融媒体中心面临着前所未有的变化:整个传播体系"下沉"明显,乡村社会传播技术的迭代与更新频率超越以往任何时期,技术采纳与应用已是乡村的普遍现象,媒介进化与技术创新带来的倍增效应与传导效应成为乡村社会发展的关键驱动因子,传播话语权的争夺在媒体、平台、个人之间日趋频繁,技术在赋权增能的同时破除了对资源的"体制依赖"[②],制造了诸如"数字鸿沟""数字弱势群体"[③]"刻板印象"[④]等传播壁垒,进一步拉大了县级与中央、省、市之间的数字化差距。可以说,"传播技术体

① 沙拉·戴维斯,玛雅·霍斯特.科学传播——文化、身份认同与公民权利[M].朱巧燕,译.北京:科学出版社,2018:74.

② 罗昕,蔡雨婷.县区级融媒体参与基层治理的资源依赖研究[J].现代出版,2021(05):68-73.

③ 苏涛,彭兰.技术与人文:疫情危机下的数字化生存否思——2020 年新媒体研究述评[J].国际新闻界,2021,43(01):49-66.

④ 申琦,王璐瑜.当"机器人"成为社会行动者:人机交互关系中的刻板印象[J].新闻与传播研究,2021,28(02):37-52+127.

系的迭代升级与交融互动,搅动了整个传播格局"①。

　　透过层层迷雾仍可以发觉,县级融媒体中心以"平台化""组织化""融合化"重建基层,在"技术＋体制"下开启"媒体＋"服务,驾驭新型传播技术,打造"社区信息枢纽",发挥的仍是中介功能,但外在的传播变革早已从根本上影响了县级融媒体中心的中介功能实施的范畴与力度,网络的社会化普及与快速迭代同样削弱了中介功能的发挥,以至于在实践中,"适应新兴媒介环境的'服务引导观'并未有效建立起来"②。

　　其一,媒介的传导作用被削弱了。自2007年以来,国家着力推行政务公开,全面推进政务信息公开化、透明化、便民化,政府网站与政务"三微一端"实现了飞跃式发展。CNNIC第49次报告显示,截至2021年12月,我国正在运行的政府网站总数达到14566个,其中,国务院部门及其内设、垂直管理机构共有政府网站890个,省级及以下行政单位共有政府网站13675个。③全面多元的政务公开有效地提升了政府的信息发布能力,畅通了上传下达渠道,也拉近了政府与群众的距离。简言之,政府与基层的交流更加便捷。政务扁平化压缩了基层媒体的中间传导空间,形成了"政府—群众"的信息直达模式,无形中削弱了县级融媒体中心的作用。与此同时,政府机构搭建的反馈窗口成为与群众对话的"绿色信息通道",使得"下情上传"直接绕过了基层媒体,从而搁置了县级融媒体中心作为信息传导的中介功能。

　　其二,日趋加剧的替代与转移现象。作为推动社会信息变革的主力,互联网平台凭借融通四方的吸纳能力吸引社会力量的广泛参与,驱使社会逐步平台化,"对人类生活全方位渗透并逐渐成为社会运行的公共基础设施"④,彻底改造了旧工业时代遗留下来的传播体系。对县级融媒体中心而言,基层舆论引导、信息传递、社会治理等这些本应属于自身职能范畴的

---

　　①　姜华,张涛甫.传播结构变动中的新闻业及其未来走向[J].中国社会科学,2021(08):185-203＋208.

　　②　叶明睿,吴昊.重生之困:县级融媒体中心发展的逻辑断点、行动壁垒与再路径化[J].现代传播(中国传媒大学学报),2021,43(04):9-14.

　　③　CNNIC.第49次《中国互联网络发展状况统计报告》[EB/OL].(2022-02-25)[2022-05-15].http://www.cnnic.net.cn/hlwfzyj/hlwxzbg.

　　④　席志武,李辉.平台化社会重建公共价值的可能与可为——兼评《平台社会:连接世界中的公共价值》[J].国际新闻界,2021,43(06):165-176.

服务内容,正被越来越多的社交媒体、网络公司和自媒体所承担,甚至得到了进一步强化,以至于"县域普通用户的手机屏幕已被其他商业终端和域外媒体的 App 占领"①。究其原因,技术与设备的进化破除了接入屏障,商业平台推动媒体下沉拓展基层用户市场,繁衍出许多与县级融媒体中心功能相重叠的公益性服务,在乡村逐步渗透,吸引走了大量用户。

其三,机构间的彼此弱化。当前,县级融媒体中心有两种主要构建模式②:"单兵扩散"模式属于自主创新,依赖的是本地文化资源整合;"云端共联"模式采取加入上级政府构建的云系统,是政府媒体资源的统筹行为。二者在聚能的同时都没有阻止分散化,许多依附机构同样利用新媒体手段在不同平台上发布相同的信息。对乡村村民而言,原有的信息选择渠道依然保持着活力,在一定程度上降低了民众接受县级融媒体中心的意愿,间接性弱化了人们对县级融媒体中心的认同,导致县级融媒体中心难以聚拢起高黏性的用户群体。

(二)草根阶层的媒介意识觉醒与媒体服务的脱节

在社交媒体的反复刺激与乡村民众文化自觉的双重作用推动下,草根阶层的媒介意识开始觉醒,主动融入社交媒体,参与创作与传播,成为推动社会传播变革不可忽视的力量。一时间,"草根逆袭"流行于各大网络平台,"华丽转身"的背后是技术赋能与个体参与网络叙事。③ 就像卡斯特所说的那样:"大众自传播,它使传播过程中的接入点呈多样化倍增。这给传播主体带来了前所未有的自主性。"④相关的田野考察显示,在社交网络中记录并分享家乡风俗文化、自然景观、生活方式已成为乡村村民日常生活的

---

① 田龙过.县级融媒体中心建设的关键:打通与用户的"最后一公里"[J].中国编辑,2020(01):68-73.

② 朱春阳,曾培伦."单兵扩散"与"云端共联":县级融媒体中心建设的基本路径比较分析[J].新闻与写作,2018(12):25-31.

③ 袁会,蔡骐.从"只有背影"到"华丽转身":"草根逆袭"话语的媒介建构[J].新闻与传播研究,2021,28(05):44-65+126-127.

④ 曼纽尔·卡斯特.传播力[M].汤景泰,星辰,译.北京:社会科学文献出版社,2018:109.

常态①。草根阶层的自我表达、自我呈现,使其彻底地摆脱了被动接受,摘掉了原有的身份标识,创作出大量"原生态土味文化"②,进而带动整个社会文化消费的转向。此外,媒体全面商业化促使许多舆论领袖涌入乡村,成就了一个乡村"群体传播的时代"③与彻彻底底的"万众皆媒,万物皆媒"④的传播景观。广泛的媒介实践带动了乡村传播的"上扬",从根本上重塑了乡村社会关系,使媒介关系成为乡村社会关系中除血缘关系外最重要的纽带。传播格局的变革唤醒与培育了乡村村民应用媒介、挖掘媒介价值的意愿与能力,释放了乡村的媒介活力,激发了普通村民在媒体上的自觉与自信。随着乡村村民对媒介功能认知的深入与技能应用的日益娴熟,一大批"乡音、乡愁、乡情"等极具地方特色的乡村文化登上了网络舞台,在虚拟平台中跨时空扩散,推动着城乡文化交汇共融。总之,草根阶层的媒体自觉影响社会变革已是不争的事实。

在这一历史性的变革中,作为与乡村村民最具贴近性的县级融媒体中心,却未能迅速地体察、对接、服务乡村村民的媒介实践需求,比大型网络平台、私营媒体机构甚至某些活跃的自媒体要逊色许多。其一,忽略了乡村草根群体发声的渴望。到目前为止,相比网络平台而言,县级融媒体中心在社交交往与辅助应用的供给上明显偏弱,帮助乡村村民发声的力度也不够大,极大影响了县级融媒体中心作为当地百姓信息服务平台作用的发挥,还因媒介接触下降进一步使媒体公信力受到挑战。⑤ 反观那些在乡村活跃的网络社交平台、私营媒体机构与自媒体,凭借低门槛与高参与性,赋予普通群众发声的权利与渠道,吸引了大量声音涌入,再加上各种黏性举措,使乡村村民产生了深度的"媒介依赖"。同时,由于缺乏权威背书,乡村村民自身难以建立起稳固的网络信任基础,以至于在依仗新媒体发声、讲好基层故事、

---

① 孙信茹,王东林. 作为记忆的地点——数码时代中社交媒体与地点互构研究[J]. 新闻与传播研究,2021,28(05):66-84+127.

② 李京. 以人为本:县级融媒体内容生产新路径[J]. 中国出版,2020(08):48-51.

③ 隋岩,曹飞. 论群体传播时代的莅临[J]. 北京大学学报(哲学社会科学版),2012,49(05):139-147.

④ 彭兰. 新媒体传播:新图景与新机理[J]. 新闻与写作,2018(07):5-11.

⑤ 张洪忠,石韦颖. 社交媒体兴起十年如何影响党报公信力变迁? [J]. 新闻与传播研究,2020,27(10):39-55+126-127.

提升基层形象中,传播范围与影响力受到很大的局限,而有能力的县级融媒体中心并未主动承担这一职责。其二,未能精准把握住乡村村民对媒介资源的需求,缺乏对应性的供给。媒介的生产与传播既是历史与现实的跨时空结合,也是多重资源空间聚集后的化学反应,资源丰裕程度决定了媒介的繁荣程度。乡村村民在媒体发声,其资源多来源于自有资源,集中在本地文化习俗与特定空间的生活方式等非正式资源上,资源量少、杂且低质,缺乏外部的投入与支持。县级融媒体中心为增强媒体掌控整合有大量乡村媒体资源,掌握有丰富优质的本地历史与现实资源,甚至打通了许多专有资源渠道,却"未给同样作为主体的基层民众赋予太多力量"①,造成功能建设与乡村村民需求之间存在着一定程度的割裂。

四、拥抱基层,与乡村共鸣共振

县级融媒体中心承载着引导群众、服务群众的总体要求,其功能设计既要考虑国家舆论引导的需要,也要照顾基层民众媒介实践的需求,既要在媒体连接上全面提速,也要扎根基层在服务上提质。基于乡村发展的立场,这需要本着服务群众的宗旨,将县级融媒体中心拉回到乡村媒介实践的层面上,充分发挥县级融媒体中心的媒体作用,激活乡村的媒介应用活力,为乡村振兴赋能。

(一)用好媒介放大功能,做乡村的传声筒

媒介具有天然的放大功能。媒介的传导效应能迅速渗透至社会各个领域,达到前所未有的深度与广度,其中,既有有效的正向传播,也有"瓦釜效应"式的"媒体奇观"②,甚至存在二者的交织与杂糅。对乡村村民而言,长期在共同的媒介空间下生活,传播局限于亲友与熟人之间,以至于"媒介实践

---

① 李乐.媒介变革视野中的当代中国乡村治理结构转型[J].新闻与传播研究,2020,27(09):78-94+127.

② 杜骏飞."瓦釜效应":一个关于媒介生态的假说[J].现代传播,2018,40(10):31-36.

遵循时空对称的地域一致性,形成了稳定的传播关系"①。这种传播关系在强化传播纽带的同时在某种程度上形成了一定意义上的隔膜,将传播者的声音隔离或分化于一个个由熟人关系组成的圈子之中,从而阻断了传播的扩散。网络爆炸式的传播方式历史性地扭转了这一局面,极大地拓展了传播范围与力度,技术的助推也提高了精准度,使得声音传得更快、更远、更准。于是,借助网络中介渠道与自媒体实践,将乡村活动与媒介勾连,推动乡村文旅的发展,为乡村振兴提供了一条可借鉴的思路。

作为主流媒体底层最基本的单元,县级融媒体中心宣扬主流价值观、弘扬社会美德、履行舆论引导职能,本身就是一种放大行为。毋庸置疑,在乡村特有的场域中,县级融媒体中心在乡村文旅推广与信息引流上存在着巨大潜力,是乡村天然的传声筒,能发挥关键作用。其一,提供信任背书。信任是充分交流的保障,是维持传播影响力的关键。对普通群众而言,其法定身份存在着隐私保护,这一点与企业完全不同,网络信任的建立只能依赖于日常的网络行为。由于在网络空间上还缺乏有效的明示机制与手段,致使其媒介形象在一定程度上脱离了现实,这在畅所欲言的网络交流背后埋藏下认同障碍,特别是当传播超出日常的熟人范围时,极易发生由于信度不足而使信任链中断的现象。县级融媒体中心作为地方政府主导的媒体,具有法定的权威性,利用县级融媒体中心为乡村村民背书,在信任传递中充当认证方,既可以有效解决乡村村民自身传播的信任缺失问题,也能为乡镇企业做好宣传推广。其二,协助乡村传播拓展受众面。与灵活多变的网络运营公司相比,乡村村民的议程设置能力、渠道拓展与推广能力严重偏弱,以至于声音小,传不远,说了也没人听。县级融媒体中心建设当前采用的两种主流模式,即"单兵扩散"和"云端共联",具有向外扩散并连接多元力量的特征,拥有帮助乡村传播拓展受众面的天然基础。利用县级融媒体中心的外联能力,推动乡村跨媒介间互联互通来产生"溢散效果(spill-over effects)"②,达到提升乡村传播力的目的。例如"望城样本"中的"金种子云"平台,汇聚

①　关琼严.属性转移、边界消弭与关系重构:当代乡村媒介空间的转型[J].新闻与传播研究,2021,28(04):57-72+127.

②　乐媛,周晓琪.社会运动中的社交媒体动员与媒介间议程设置效应:以台湾地区"反服贸学运"为例[J].国际新闻界,2019,41(06):26-47.

了乡村大量信息资源,实现同步推进、共享传播,扩散式传播基层群众的作品,带来巨大流量。其三,做"下情上传"的新通道。要做到引导群众、服务群众,必须深耕基层,倾听基层群众的声音。传播体系的迭代更新迫切需要县级融媒体中心运用新的技术与新的手段重新搭建起与乡村村民沟通的通道。已有的调研显示,县级融媒体中心在"基层创新"上缺乏必要的手段,存在着"业务堆砌""机械融合"等流于表面的行为,尚未发挥出服务本地的窗口效应。① 县级融媒体中心应抓住新媒体发展的契机,及时转变理念,利用在地性优势与新媒体手段深入乡村,提供多种端口便于接入,增强与基层的连接能力,成为乡村与政府信息沟通的新桥梁。

(二)发挥涵化教育功能,助力乡村自媒体建设与发展

教育功能是媒介的基本功能之一,教育的产生和发展受媒介变迁的催化和塑造。② 施拉姆很早就指出,大众传媒具有广泛意义的教育功能。③ 对如何贯彻实施媒介的教育功能,学界与业界一直以来有"专业媒介素养教育观"与"泛媒介素养教育观"两种教育观。"专业媒介素养教育观"对应的是专门系统化的媒介教育,由传统教育系统承担,走职业化发展道路;"泛媒介素养教育观"则基于"社会媒介化"④逻辑,提倡发挥媒介的涵化功能,强调后天学习与实践中的自我提升。对基层群众而言,尽管新媒介在基层群众生活中已经扮演了重要的角色,但有几点毋庸置疑:基层的媒介应用尚处于低层次水平,对应的职业教育不容乐观,"信息落差"与"媒介鸿沟"⑤在基层尤

---

① 耿晓梦,方可人,喻国明.从用户资讯阅读需求出发的县级融媒体运营策略——以百度百家号"用户下沉"调研分析结论为启示[J].中国出版,2020(10):3-7.

② 李巧针,赵梦园.媒介变迁与高等教育:塑造与调适[J].现代传播,2020,42(09):165-168.

③ 韦伯·施拉姆.大众传播媒介与社会发展[M].金燕宁,等,译.北京:华夏出版社,1990:96-166.

④ 田丽,石林,朱垚颖.县级融媒体中心"全省部署"和"县级探索"建设模式对比——以 A 省 Q 县和 B 省 Y 县为例[J].出版发行研究,2018(12):12-17.

⑤ 丁道勇.教育与媒介鸿沟[J].教育发展研究,2019,39(24):8-18.

为明显,在抵御负面因素如"媒介回降污染"①等方面较为乏力。

县级融媒体中心作为基层最权威的媒体组织,本身有承担启迪民智、传播意识形态、弘扬主流价值观、普及科学知识的责任,在培育乡村村民新媒体实践上更应有所作为。其一,满足乡村村民适应现代媒介技术的需求。乡村村民网络发声最突出的问题是在媒介接触与技能学习上存在着机会不均等,难以真正获得"平等的权利"。尽管自媒体平台的便捷性有效地解决了媒介接入屏障,但现代媒介技术更新迭代迅速,且日趋复杂,根本无法消除高端生产所面临的专业性壁垒。县级融媒体中心整合了县域内报刊、广播电视、新闻网站、新型媒体等多种媒介形态,融合新旧不同的传媒要素,是基层最权威、最专业的媒体组织,不仅技术适用性强,而且实践经验丰富。县级融媒体中心完全可以利用自己的专业优势,向乡村输出人才与技术,增设乡村媒体实践培训机构,辅导乡村村民新媒体实践,全面提升村民媒介技术应用能力,为村民网络发声提供工具与手段。县级融媒体中心还可以与第三方媒体机构、传媒企业、公益机构等合作,利用它们的力量为乡村提供技术咨询服务,尽可能降低数字鸿沟带来的负面影响。其二,深化价值引导。作为国家舆论引导体系的托底工程,引导乡村村民树立积极正确的价值走向,维护主流价值观,是县级融媒体中心无可推卸的责任。长期以来,在网络媒介快餐式消费的熏陶下,乡村村民的媒介话语常常陷入低俗、功利、极端等负面内容的侵袭与包围,缺乏积极向上向善的价值内涵,尤其是一些错误的思潮与异质文化,会冲击主流意识形态,扭曲青年群体价值观②,而担负抵御此类负面内容的媒介素养教育在乡村基本处于真空地带。对此,县级融媒体中心可以充分利用新媒体手段,深化主流价值观培育,将媒介素养教育、社会主义核心价值观教育的知识内容延伸至乡村,为乡村村民提供抵御武器。

① 周小李.媒介教育哲学引论:"苏格拉底之疑"及其传承[J].社会科学战线,2020(09):221-230.

② 李明德,朱妍.社会思潮的传播特征及引领——以互联网视听平台为对象[J].北京工业大学学报(社会科学版),2019,19(03):1-7+24.

(三)强化资源供给功能,做乡村的媒体资源库

鲜活的地方文化资源是乡村村民长期文化实践所产生的各类信息资源,赋予县域媒体传播特色。乡村文化的传播和消费若缺少文化内核,不仅内容空洞乏力,且鲜有传播特征。当前,国家在乡村新建大量文化大礼堂、文化广场、文明实践站,挖掘乡村文化价值,传承民间文艺,目的是激活基层闲置的文化资源,丰富基层文化活动,带动相关产业的发展。不可否认的是,散落在乡村的空间资源、民艺资源、生活资源,都是宝贵的文化资源,在缺乏技术、人力、资本支撑的情况下,完全依靠民间力量"自主建设""自主传播""自主消费"来达到有效保护与传承显然不太现实,甚至极有可能造成部分文化遗产的流失。与此同时,县级博物馆、档案馆、文化馆等基层文化单位,经过长期发展,积淀了丰富的乡村文化资源。这些资源是了解中国乡村社会变迁的珍贵史料,具有丰富的人文价值与经济价值,同样存在着重视不够、搜集整理偏少、长期闲置等问题。[①]

县级融媒体中心的人才、资源、技术优势和贴近性,使其在开发利用本地资源方面具有得天独厚的优势,能为乡村提供丰厚的文化资源。其一,充当乡村的媒体资源库。"资源融通"是融媒体的本质特征。县级融媒体中心应积极利用自己的融通能力,依托在实践中积累的丰厚资源,以及对乡村资源禀赋与传统生活习性的全面认知,将其投入到乡村资源建设当中,补充乡村村民创作的需要,发挥县级融媒体中心的资源供给功能。例如安阳县融媒体中心,作为河南省首家县级融媒体中心,打造了极具本地特色的"信息服务超市",为本地提供各类信息资源支持。其二,发挥自身潜能,挖掘乡村特色文化资源。长期以来,县级融媒体中心偏重官方媒体资源的整合,对民间文化资源的挖掘较少,以至于资源缺乏特色,不接地气。对此,县级融媒体中心应充分发挥自身的文献采集能力、资料加工能力、新媒体开发能力,高效运用自身储备的各种技术工具,有针对性地挖掘基层特色文化资源,赋予乡村传播特色标识,并为自己量身打造地方特色传播平台夯实资源储备。

---

① 王胜.乡村口述史的理论与实践——以笔者在农村的访谈为例[J].当代中国史研究,2008(05):106-111+128.

其三,盘活乡村文化资源价值,畅通资源流动。在当下,甚至未来相当长的一段时间内,对文化资源的追求与控制将是媒体兴盛的关键。散落在基层的文化资源长期呈分散化、碎片化状态,未得到有效的整理、开发与利用,不仅资源的价值得不到体现,而且乡村村民难以从中受益。这也是许多有丰厚文化底蕴的乡村沦为"空心村"的原因。县级融媒体中心可以基于市场机制推动乡村文化资源"共建共享"和"共建众享",协助乡村文化资源的有序开发与有偿使用,提升乡村文化资源的利用效率,让乡村文化资源在新时期焕发生机。

(四)泛化连接功能,增强乡村村民黏性

媒介实践的本质是交流。增强媒介实践,就是增强交流。交流依赖连接来产生、推动、强化,同步传递信息、建立关系、创造交互,因此,连接是交流的通道,是媒介实践的方式与手段。作为基层信息的传播枢纽,"县级融媒体中心本质上是一个连接性平台"[①],"媒体+"就是要通过运用新媒体技术手段提升县级融媒体中心的连接能力,推动县域内文化、政务、资讯的充分交流与跨界融合。只有不断地拓展连接,县级融媒体中心才能充分发挥出应有的中介功能,成为粘连乡村、服务村民的桥梁,并在日益泛化的网络语境中获得自立的资本。从已有的举措来看,特别是与网络社交平台、大型传媒集团、优质自媒体相比,县级融媒体中心注重的是体系内媒体间的连接以及与终端用户的单向连接,侧重于贯通媒体资源与维系乡村村民,而此类连接仍是以县级融媒体中心为核心的,连接的内容仍是县级融媒体中心发布的内容、关联的服务、推送的资源,甚至可以说它是一种自我内部连接。这种连接事实上并没有改变村民被动接受这一根本事实,严重忽视了村民对外连接的拓展,因此,是不平衡的、非多元的、缺乏活力的连接。

连接是当下时代的特征,也是媒体着力的方向。县级融媒体中心应深入推动乡村增添连接,做乡村村民连接的中继器。其一,牢固确立连接意识,拓展连接通道,运用新媒体手段推动多元化交流。县级融媒体中心应有

---

① 熊忠辉.回到连接性:县级融媒体中心建设的逻辑基础[J].编辑之友,2021(12):32-37.

连接意识,要以村民为中心拓展连接,打破惯有的"体制依赖",确立"群众依赖",关注乡村村民的信息行为与偏好,有意识地增添连接性,强化文化、政务、民生、娱乐、商业等信息交流,在乡村全面推动文化连接、商业连接、政务连接、生活连接,实现广谱性、多向度、多层次的连接。例如,安吉新闻集团承建的"美丽乡村建设云平台"充分实现乡村各类信息资源的融通,极大拓展了县级融媒体中心的连接性,收获了大批拥趸。其二,多举措提升乡村村民的连接能力,增强乡村的连接效能,培育乡村社群活力。要增强媒介实践能力,就必须增强连接能力。县级融媒体中心应通过数字化技术、新型交流平台与实地辅导等手段,有体系、有层次、有针对性地对乡村的文化生产与消费展开培育,着力提升乡村村民媒介实践的创作能力、分析能力、推广能力,消除乡村媒介接触与使用的落后状况。要进一步畅通媒介通道,将新媒体技术与工具嵌入乡村村民的日常生活中,以高效黏性连接作为关联手段,增强乡村村民的使用强度,全面提升乡村村民的连接效能,让乡村社群充满活力。其三,强化对外连接,拓展媒介实践的广度与深度。对外连接能开拓乡村村民媒介实践的广度与深度,激发乡村村民的创造活力,提升媒介实践的声誉与回报。县级融媒体中心完全可以利用自身的融通优势与能力,推动乡村积极开拓对外连接,借助技术外连、资源外连、人才外连等方式,将外部优秀的资源引入当地,盘活乡村文化资源,满足乡村村民媒介实践的需求,同时,对外释放自身的实践成果,形成"共振效应"。

总之,县级融媒体中心功能的深化是一个持续过程,须持之以恒,因为事关乡村的兴盛与稳定。当下,要在媒介形式、传播方式、消费方式全面数字化的颠覆下建设好县级融媒体中心,必须秉持群众路线,坚持以基层群众为中心的构建思维,在媒介演变格局中准确把握住乡村村民媒介实践的需求,利用各种手段激发乡村村民媒介实践,让媒介成为乡村发展的利器,让县级融媒体中心成为引导乡村舆论的前沿阵地,成为引领乡村社会变革的触发器,成为乡村文化交流的重要舞台,全面发挥县级融媒体中心引领基层、服务基层的作用。

第六章

自我贡献：个体与团体的选择

在乡村文化建设中，尽管个体与团体的贡献经常被大众所忽视，但不可否认，他们的行为的确为乡村文化建设做出了非凡的贡献，有些甚至是带给乡村具有决定性与历史性的改变。这些坚定的乡村文化传承者与变革者，虽被政策笼统地纳入社会力量这一模糊范畴，却一直为乡村村民所熟识并获得无比坚定的信赖，成为他们共同建设的伙伴与坚定的支持者。这些大量无私的个体与团体，尤其是一些外乡文化工作者，他们携带有先进的文化理念与非传统常见的行事方式，对盘活乡村文化资源、引领乡村文化建设、夯实乡村文化平台起着重要引领、激发与实践作用。可以说，正是这些被忽视的个体与团体，才让乡村文化建设的"主体性"得到全面的充实，才能真正体现出乡村文化作为社会文化组成部分所蕴含的"公共性"。

事实上，在乡村振兴发展的新时代，越来越多的个体与团体正在乡村发挥着能量，带领乡村文化建设迈上一个个全新的台阶，培育出一批批文化特色，拯救了一座座文化遗产。他们积极投身乡村建设，利用自己的智慧和资本开拓文旅、美化乡村。本章重点以个体中非遗传承人、新乡贤与外来文化工作者为例，展示出个体对乡村无私的贡献，而团体则以公益组织为例来说明社会团体在乡村文化振兴中无可替代的作用。总之，他们是乡村文化建设不可或缺的力量，是乡村文化建设主体性与公共性得以体现的重要元素和重要补充。

一、个体的贡献

个体在乡村文化建设中功不可没。许多个体仅凭借自身知识、技能的影响力与感染力,在乡村文化建设中发挥出超越政府或官方机构的作用,在乡村振兴中起着关键性的引领与激发作用。综观许多乡村文化研究案例,优秀传统乡村文化的传承与弘扬中包含有大量杰出个体的贡献。在诸多热心者中,有三类个体值得关注:一类是本地村民中具有特殊文化技能的非遗传承人,他们是乡村文化发展的代表,对乡村文化建设有着巨大的影响力;一类是与本地有渊源的乡贤,在乡愁与乡情的作用下为乡村文化建设无私贡献自己的力量,他们真正心系百姓,为乡村文化传承尽心尽力;另一类是外来的文化工作者,他们以自身的特定文化技能为乡村服务,给乡村带来新的文化元素,他们热忱奉献自身精力以扩散所钟爱的特色文化。这三类个体从不同方面,以自己的方式为乡村文化建设贡献了自身的力量,是乡村文化建设不可或缺的参与者。

(一)非遗传承人的坚守

"非物质文化遗产"是优秀传统文化在历史长河中展示出的独具特色的文化形式,它依靠文化传承者借助不断累积的知识与代际交替的经验形成。根据联合国教科文组织的《保护非物质文化遗产公约》定义,非物质文化遗产是指被各社区群体,有时为个人视为其文化遗产组成部分的各种社会实践、观念表达、表现形式、知识、技能及相关的工具、实物、手工艺品和文化场所。非物质文化遗产依靠一代又一代的非遗传承人来传承、保护,是"活态化"的传统文化。非遗传承人始终以文化传承与保护为使命,在社会变幻中始终坚持非物质文化遗产传承与保护活动,体现出难能可贵的公共精神。可以说,非物质文化遗产的传承与保护是普通大众维护乡村文化公共性的真实体现,真正体现了文化是大众的宝贵财富。

鉴于非遗传承人长期艰苦的传承与保护工作,社会各界理应重视非遗传承与保护工作,为其提供便利与支持。事实上,国家早已从宏观层面对非遗传承人的保护工作提供了政策、资金的支持。2004 年，全国人大常委会批准在第 32 届联合国教科文组织大会上通过的《保护非物质文化遗产公约》。2006 年，国务院批准文化部确定了第一批国家级非物质文化遗产名录。2011 年 2 月 25 日第十一届全国人民代表大会常务委员会第十九次会议通过了《中华人民共和国非物质文化遗产法》，明确了要加强非物质文化遗产保护、保存工作：

> 第三条："国家对非物质文化遗产采取认定、记录、建档等措施予以保存，对体现中华民族优秀传统文化，具有历史、文学、艺术、科学价值的非物质文化遗产采取传承、传播等措施予以保护。"
>
> 第二十九条："非物质文化遗产代表性项目的代表性传承人应当符合下列条件：（一）熟练掌握其传承的非物质文化遗产；（二）在特定领域内具有代表性，并在一定区域内具有较大影响；（三）积极开展传承活动。"

从乡村文化宣扬的视角出发，非遗传承人是乡村文化的名片，是乡村文化在历史长河中的结晶，代表着本地乡村特色文化的精髓。非遗传承人将大量的时间与精力放在对传统文化的传承与保护上，付出了艰辛劳动，做出了巨大贡献，成为乡村文化的代表。在深受传统文化影响的广大农村，非物质文化遗产是重要的文化代表，是传统文化在文化实践中形成的有自身文化特色的智慧产物，蕴含有先辈长期从事文化生产所凝聚的各类文化精华，具有极大的开发价值与传承意义。在许多乡村，借助非物质文化遗产，依赖于其规模化效益与乡村特有的文化精髓，形成乡村的特色文化产品，壮大为乡村文化产业，成为乡村文化致富的重要渠道。

新时期乡村文化建设中，非遗传承人对乡村文化建设有巨大的影响力。非遗传承人更加理解传统文化的精神与内涵，在乡村文化建设中能为乡村文化建设提供指导，其所掌握的传统文化知识和技能成为乡村文化建设重点开发的对象。非遗传承人具有长期实践耕耘的经验，这种宝贵的经验能为乡村文化建设提供借鉴。同时，非物质文化遗产是吸引外地游客参观乡村、了解乡村文化的重要内容，也是乡村文旅发展的突破点。非物质文化遗产的清理与展示,让游客深刻感受到乡村文化的魅力,体会到乡村村民在人与自然的实践中总结出的各种精神意涵,最终使乡村成为游客争相前往的好地方。

尽管国家出台了大量保护举措,但仍不可否认,非物质文化遗产的传承与保护在当前面临着许多问题,特别是非遗传承人的现实处境让人担忧:一方面,社会经济的不断发展越来越让人们对事物的看法与做法偏重经济效益,轻视优秀传统文化的传承与保护,由此带来了非遗传承的可持续性问题。尽管国家从文化保护的长远规划角度出发,为非物质文化遗产提供了资金与制度支持,但现实情况是,非物质文化遗产多数靠人工作业,集中在手工业阶段,难以匹敌现代文化工业化生产方式。因此,单就其产出而言,非物质文化遗产的经济性严重偏低,即使能够形成稳定的商业性开发模式同样需要大量资金、人力的投入,这对乡村而言显然不太现实。这也导致非物质文化遗产面临着一个很尴尬的局面,即优秀的非物质文化遗产的传承与保护过度依赖国家财政的支持,难以从市场上获得足够的经济收益作补充,更难独自满足成本日益增长造成的各种支出。另一方面,乡村的空心化现状严重影响了非遗传承人的人才储备,导致许多非遗传承人后继无人。当前,越来越多的乡村还不得不面对着另一个发展的困境:那就是村里大部分人群是留守的老年人和儿童,而年轻人为了追求更好的发展前景相继转移到了城市。城镇化吸引走了乡村大批青年精英,不仅导致乡村文化建设面临着巨大的人才缺口,而且让散落在乡村的非物质文化遗产同样面临着继承者短缺的窘境。

乡村非物质文化遗产的传承与保护还面临着所处时代带来的全新挑战,即当下社会网络的全面深化所携带的各种新型挑战,它一般是由网络技术、虚拟仿真技术、人工智能技术等多重数字技术组合形成的跨代交替挑战。在新时代,宣扬非物质文化遗产同样需要新的手段,特别是网络上的虚拟手段与数字技术,它能够吸引、激发、组织更广泛的力量来参与非物质文化遗产的保护与传承。同时,利用虚拟技术实施非物质文化遗产创新,能打开新的文化形式,增添新的文化内涵,使非物质文化遗产更具时代气息,更加接地气,也更易传播。这对乡村非遗传承人而言,抛开所需的资金、设备成本,仅虚拟技术的熟练掌握与运用就是个不小的挑战,甚至后面还需要更加专业的网络运营推广能力。

我们欣喜地看到,国家正在大力推广数字传承与保护技术,不断推动非物质文化遗产与时俱进,从传统的实物层面向虚拟层面升级。目前,我国已经建设了全国性虚拟平台——"中国非物质文化遗产数字博物馆"。它利用数字化技术和网络平台,展示、传播中国和世界非物质文化遗产的专业知识,展示中国深厚丰富的非物质文化遗产资源,提供非物质文化遗产保护工作的信息交流,凝聚非物质文化遗产保护实践的观念和理论共识,充分调动和利用全社会的学术、经济、舆论资源及社会公众的参与,以促进中国非物质文化遗产保护工作全面、健康开展。与此同时,位于社会组织末端的乡村同样在尽各种努力传承与保护本地非物质文化遗产,尽管在资金、技术、人才上面临严重的缺口,也面临着诸多难以列举的挑战,但正是在许多乡村非遗传承人的不断坚守下,才让许多乡村非物质文化遗产得到了有效保护与传承,才能让我们年轻一代感受到非物质文化遗产的魅力。

就下一步的工作而言,乡村的非物质文化遗产保护与传承还有许多后期工作要去做。首先,我们可以设立乡村非物质文化遗产保护专项工作,除了已有的传承人及其享受的相应补贴外,还应将乡村非物质文化遗产的保护与传承独立列为乡村工作的重要内容,并将其列为乡村振兴考核的重要板块。其次,应大力支持有条件的乡村新建乡村博物馆、乡村记忆馆,将乡村非物质文化遗产纳入其中,让其在乡村文化建设之中保留其应有的地位。再次,要积极发挥乡村非物质文化遗产的作用,挖掘乡村非物质文化遗产的经济价值、文化价值、历史价值,逐步产业化、规模化、市场化,让其成为乡村振兴的力量和乡村文化发展不可或缺的元素。最后,应积极鼓励乡村与外部专业机构、公益组织联合推动乡村非物质文化遗产的数字化、虚拟化、网络化,让非物质文化遗产在虚拟网络中得到广泛的传播。

(二)新乡贤的联结

乡绅、乡贤治村的传统在中国由来已久,封建社会的"皇权不下县"也早已为人们所熟知。乡贤作为"乡邑贤达人士"备受乡村村民爱戴,是乡村的隐形治理者。唐朝刘知几的《史通·杂述》中就有记载:"郡书赤矜其乡贤,美其邦族。"许多文化底蕴深厚的古村落都建有乡贤祠,供奉历代乡贤,以此激励后代兴盛乡村。在传统封建社会里,成为乡贤必须达到"三不朽"的标准,即立德、立功、立言,立德是指做人,立功是指做事,立言是指做学问。由此,德行、才能与声望成为传统乡村激励成长的重要依据。2008年《绍兴晚报》、2014年《光明日报》在专题报道中运用了新乡贤这一概念,使其成为新时代乡村新型贤达人士的代名词。作为新时代的乡村精英,新乡贤自然也受到学者的关注。付翠莲与张慧认为,"新乡贤"相较于传统乡贤呈现的"新"意,主要指新环境、新标准和新观念,涵盖范围更为宽泛,既包括扎根于乡土社会文化德行高尚、对乡里公共事务有所贡献的本土乡贤,也包括回归乡土反哺家乡且具有奉献精神的离土乡贤,涵盖了在乡土文化中培育出来的经济能人、文人学者、成功创业人士、退休公职人员、农村道德楷模、返乡务工人员等。① 对新时代新乡贤的认知,与社会语境的勾连必然会成为重新理解它的一种思路。徐学庆认为,新乡贤存在着四"新",即新的时代背景、新的人员构成、新的地域属性、新的权威来源。因此,新乡贤在他看来是指在社会主义现代化建设新时期,与特定的乡村有一定关联、积极践行和弘扬社会主义核心价值观、支持农业农村现代化建设的贤达之士。② 他认为新乡贤需要具备五个要素,即本土性的身份要素、品德要素、能力要素、声望要素、贡献要素,并将这五个要素作为衡量新乡贤的重要标准。这种观念表明一种差异性的事实存在,即新时期的新乡贤与传统观念上的乡贤在核心概念、内涵、范畴、标准上存在着巨大的差异,除了传统的标准元素外,还增加了技能、地域、财富等许多内容,这同样增加了学界与乡村认定新乡贤的难度。针对新乡贤是否在场这一关键特性,高万芹将新乡贤划分为在场精英、不在场精英、在场平民乡贤和不在场平民乡贤等四种类型,认为新乡贤是在乡土社会中拥有一定财富、技能、文化、品德和政治觉悟的人。③ 可见,新乡贤的认定仅与乡土社会存在关联,且早已脱离了户籍的限制,成为能人与乡村社会的简单勾连。

---

① 付翠莲,张慧."动员—自发"逻辑转换下新乡贤助推乡村振兴的内在机理与路径[J].行政论坛,2021,28(01):53-58.

② 徐学庆.新乡贤的特征及其在乡村振兴中的作用[J].中州学刊,2021(06):67-71.

③ 高万芹.乡村振兴进程中新乡贤的类型界定、功能实践与阻力机制[J].天津行政学院学报,2019,21(05):87-95.

从已有的案例来看，新乡贤参与乡村振兴主要负责提供资金支持、项目引入、完成特定任务、参事议事以及一些智力贡献等。以杭州市萧山区楼塔镇雀山岭村为例。该村前有溪水后有高山，为发展康养产业提供了天然氧吧。从小生长在雀山岭村的楼中平，在外创业30年后返乡，抓住国内康养产业快速增长的现状，把健康产业带回家乡，以楼塔百药山中医药为特色，专门搭建了慈孝堂仙岩山康养村舍，打造乡村康养共富基地。通过健康产业带动，变"输血"为"造血"，让农民真正富起来。乡贤回归在楼塔镇的"共富"建设中发挥着非常大的作用，以点带面，推动更多"造血功能"项目实现功效最大化。

新乡贤返乡参与乡村文化建设的动机被多数学者归为乡情的感情吸引，或依靠乡土情怀的拉动，以及出于对乡村发展的担忧。事实上，更多的新乡贤返乡是当地村干部多次说服的结果。他们清楚地知道，乡村振兴仅依靠内部力量是不行的，必须有外在诱因来触发乡村的变革，必须有外部力量投入乡村建设，而这些与乡村存在勾连的在外精英自然成为首选的对象。新乡贤作为乡村极力争取的对象，在获得相应的尊重与应有的情感联系下，乡愁被唤醒，返乡支援乡村建设，带领乡村创业成为他们奋斗的目标。

并不是所有新乡贤都能够顺利参与各项乡村建设活动，尤其是文化建设活动，它与立竿见影的经济建设相比更有难度。新乡贤融入乡村的阻力在于各地缺乏相应的标准，政策的扶持也较为模糊，完全依靠地方自主式的鼓励行为。同时，自身的个体性质导致新乡贤并不像组织机构那样能够直接获得相关方的支持，多数依靠自身的社交能力自主去构建各种人脉关系与引进各类项目。政策模糊与标准缺乏同样带来责任上的弱化，这也使很多外部新乡贤仅成为乡村新乡贤名单簿上的一个名字而已。也有一些不在地的新乡贤，由于缺乏本地资讯，对当地发展诉求的认识还不够深刻，仅依照自身外在活动的实践经验来建言献策，不能因地制宜提供实质性帮助，导致与当地干部关系并不融洽，因此，很难真正融入乡村文化建设。不在地的新乡贤工作开展困难还在于其与村子的联系比较松散，以至于在一个熟人社会中难以得到有效的支持。许多不在地的新乡贤在乡村缺乏可以长期生活的住居地，受户籍地的限制也无法购买到当地的住房，这导致其很难融入当地乡村社会。有些在地乡贤同样因为彼此过于熟悉，有些工作面临亲人的阻力,导致工作容易被搁置而无法深入展开。

不管怎样,新乡贤的到来会为乡村提供联系外部社会的契机。借助新乡贤的桥梁作用,乡村获得了外部各种支持与发展的机遇,从而能够有机会彻底改变乡村。因此,应激发新乡贤的引领与桥梁作用,让新乡贤成为乡村变革的触发点。有效激励新乡贤的手段主要有以下几点:

一是强化新乡贤的认定标准与档案管理。通过群体细分,参照现有职称评审的标准,鼓励各地制订新乡贤认定标准,建立新乡贤档案,实施统一化管理,将新乡贤的个体身份逐步组织化,消除新乡贤的身份障碍问题,让新乡贤的参与规范化。

二是制定新乡贤的职能与权力作用机制,让新乡贤能够发挥作用,同时获得相应的权限,借助职能与权力的双重作用,将新乡贤的工作与权益有效地结合起来,做到有事做、有理做、有监管。

三是应积极树立新乡贤典范,确立新乡贤模范,让更多的乡村与城市精英融入乡村,为乡村发光发热。同时,要将新乡贤工作置入乡村治理中,置入乡村教育中,既要有后继之力,也要有实践之处。

(三)独立文化工作者的付出

当下,越来越多的城镇居民为了逃离城市紧张、拥挤的快节奏生活,追求乡村宁静、自由的田园生活,搬到乡村,成为乡村社会的一员。尽管其可能与当地村民存在着一定亲密关系,但由于户籍地不在乡村,并不能算作乡村这一传统集体的成员,因而自然成为乡村里的外来者。当然,还有一部分人,他们抱着改变乡村、追求新的人生体验、推广文化的梦想走入乡村,寄住在乡村里闲置的民宅中,成为乡村的一名"在地的体验者"。这些外来客不仅具有极高的文化水平,而且对乡村有着天然的眷念之情,也能突破对事物常见的理解与看法。因此,他们的到来能为乡村文化建设带来诸多不一样的文化元素,给乡村带来更多的文化变革。

首先,多数外来客具有较高的文化水平、丰富的人生阅历与日常生活经验,对城市生活、现代文化、流行文化较为熟悉,对优秀传统乡村文化抱有热情,能从全新的视角解读乡村里的一切,并能借助不同的知识重新阐释乡村文化的内涵,因此,他们的到来带给乡村新的视野与新的内容,能够极大地改变乡村固有的文化元素,给乡村增添许多新景象。他们融入乡村,利用自己掌握的知识来重新解码当地的乡村文化,挖掘当地传统乡村文化中长期隐藏的隐喻及深厚的内涵,并赋予其新的功能与理解,这会给当地文化带来新的意蕴解读与新的展演方式。

其次,这些外部参与者在乡村积极活动,极大丰富了乡村文化内涵,为乡村文化建设贡献了自己的力量。许多外部参与者会利用自己熟悉的专长与爱好开展乡村文化活动,比如在乡村开一个画室、琴室、舞室,为乡村提供此类教学活动,培育了新型文化,打下乡村文化多元化发展的基础。他们积极为传统乡村文化的宣扬提供资金、新建场地,在当地开展活动,为乡村文化发展提供助力。

再次,外来客的生活方式也会影响到乡村村民的日常行为,导致文化生产方式与消费方式跟随外部的脚步转变。乡村外来者在融入乡村过程中,其对住居地的改造、饮食习惯、行事方式都显现出与乡村原有传统做法巨大的差异。这些生活方式的变化会改变乡村惯常的做法,为乡村日常生活带来新的变革,而这种变革会潜移默化地影响乡村文化的发展,会带来文化的突变。

最后,乡村外来客的文化理念会改变乡村长期留存的思想理念,推动乡村文化向外包容,从而逐步打开乡村文化所凝聚的文化内核,影响乡村文化的发展走向。从事物的发展规律来看,只有开放的乡村文化才会走向更好的发展前景,封闭的乡村文化必然会衰落。乡村文化与城市文化、现代文化的相交相融是事物发展的必然方向。乡村外来客本身的文化理念长期受城市文化、现代文化的影响,展现出了许多与传统乡村文化不同的特征,这体现在其自身的日常行为与职业追求上,也着墨在他们的文化展演上。他们身上的优秀传统文化理念在与乡村村民的日常交往中得到充分的融合,从而碰撞出许多新的文化景观,即使存在着一些理念冲撞,它也会为乡村文化的发展带来新意。

个体的行动受到许多制约。在乡村文化建设中,个体的权力相比其他利益相关者而言严重偏弱,因此,个体要发挥自身的潜能去引领带动乡村文化建设需要付出超出其他组织更多的努力。同时,外来个体投入乡村文化建设不仅面临资源自我投入的问题,还需要打通文化建设的各个相应环节,利用自身的人脉关系疏通,难度可想而知。个体的行动还受到比组织更大的质疑,不仅存在身份的质疑、职业的质疑,还存在着技术的质疑、能力的质疑等多个方面。要排除这些质疑,个体必须超越普通大众,具有极为优秀的品质、技能与眼界,不仅需要前瞻性思维,还需要系统战略眼光和实践能力。

个体行动的可持续性是乡村文化振兴中个体贡献能否得到发挥的关键,其既依赖个体的坚持忍耐程度,也与乡村是否具有可包容的场域有关。要推动个体能够持之以恒地投入乡村文化建设需要不断激发个体的主观意愿,增强个体的主体感,满足个体获得自身所需的声誉诉求。乡村需要以宽容的胸怀来接纳个体,让个体感受到乡村的关爱与温暖,体会到成员的感受。乡村可以将个体纳入自身的组织体系,建立一个编外式职位或者一个体制外的身份,让其有归属感,并赋予其活动的权力,为其活动提供便利,从而让外来个体更好地发挥作用。

国家与乡村应看到个体的努力以及个体为乡村文化建设所做的各种贡献与发挥出的积极作用,积极出台相关政策与举措,从精神层面与制度层面赋予个体行动的自由以及与其需求相匹配的权益,促使广大的个体积极参与乡村文化建设。同时,国家与乡村还要主动出击,既要通过榜样、模范来激励个体参与,还要借助制度来鼓励个体的行为,扫清个体参与的各种障碍,甚至还可以利用平台机制搭建个体与乡村的桥梁,扩充个体的数量和范畴,从而汇集更多的力量参与乡村文化建设,让乡村文化建设得到更广泛的个体支持。

二、团体的力量

在乡村文化建设中,团体的参与是不可或缺的外部力量,越来越多的乡村依靠团体的作用摘掉了贫困的帽子,成为新型乡村的代表进而实现了文化富裕。事实上,团体在专项建设上的组织、动员与支持能力远非个人所能比拟的。它依靠系统化的组织能力、大量聚集的专业人才以及源源不断的供给模式,带动许多资金、文献、人才等资源进入乡村,推动乡村文化建设全面提升。简单地说，团体是乡村文化振兴外部有力的贡献者，是乡村文化发展不可或缺的力量。

在振兴乡村文化的团体中，组织与协会的力量不容小觑。其中，公益组织是最具有贡献价值的团体机构。自身的公益使命让公益组织在参与乡村文化建设行动中能够保持价值理性，为乡村文化建设无私贡献。而且，公益组织自身的公益特性容易得到村民、乡村组织、基层政府的信赖，进入乡村的障碍远低于其他社会力量。公益组织的专题指向往往目的更加明确，能够直接进入乡村的议题，快速展开建设活动，且公益组织极具辨识度的品牌效应能够更加顺利地开展各项文化建设活动，也更容易得到社会各界的支持。

以杭州市余杭区黄湖镇青山村为例。早在 2015 年，青山村就陆续引入了大自然保护协会，联合阿里、万向信托，创建了国内首个水基金信托——善水基金 1 号，建设了全国第一个小水源保护试点地，构建了集环保、公益、商业、金融为一体的开放性协作平台，以小于 100 万元的公益投资撬动了近 3 亿元社会资本参与生态经济的保护和发展。这使得青山村的公益力量持续壮大。在青山自然学校、融设计图书馆等公益组织"落户"青山村之后，全国自然教育网络、浙江财经大学未来乡学院等社会组织相继入驻，滴水公益、海豚救援队等社会组织也与青山村开展结对共建。伴随着越来越多的社会组织进驻，青山村的公益事业已经由早期单一的资源保护，开始向文化推广、应急救援、农文旅融合等领域深化，共同打造"未来乡村"公益文化村品牌，让青山村成为未来公益文化的引领地和新时代文明实践行动的样板地。

同样的案例也可以在一些乡村公益书院上看到。以南京桦墅村嘤栖书院、安徽黟县先锋碧山书局、浙江桐庐云夕图书馆为代表的品牌书院，在新时期以城市对乡村的文化反哺形态，触发了美丽乡村建设与发展的动力机制。[①] 通过直接在乡村新建类似城市文化场馆设施，提升乡村文化建设水平，让乡村能够享受到与城市同等文化利用权益，从而有针对性地消除

---

① 胡小武.城乡文化反哺:公益型书院开辟美丽乡村建设新路径[J].河北学刊，2017,37(04):160-165.

城乡文化鸿沟。其中,嘤栖书院坐落于南京近郊栖霞区西岗街道桦墅社区周冲自然村,书院由村里的牛圈、猪圈的房舍改建而成,属于大学生公益创投项目;而先锋碧山书局则位于距安徽黟县县城 5 公里的碧山村,坐落在村内文物保护建筑老祠堂里,尽管由先锋书局承建,但其属于典型的公益项目;云夕图书馆则建在杭州市桐庐县莪山畲族乡戴家山村,由村里废弃的老房子改建完成,直接服务于当地乡村。这些公益性的新型乡村书院通过参与乡村文化建设为乡村增添了新的文化空间,解决了国家为乡村文化建设供给不足的难点,也让社会资源在乡村找到了着力点。

事实上,国家同样在积极鼓励更多的团体加入乡村振兴,改变乡村落后面貌,为乡村文化提供支撑。2022 年 4 月 8 日,文化和旅游部、教育部、自然资源部、农业农村部、国家乡村振兴局、国家开发银行等六部门联合发布了《关于推动文化产业赋能乡村振兴的意见》(以下简称《意见》),提出要建立有效机制,调动企业、社会组织、高等学校、文化工作者等各方力量广泛参与。2022 年 5 月 7 日,国家乡村振兴局、民政部制定并印发《社会组织助力乡村振兴专项行动方案》,其目标是组织动员部分重点社会组织对 160 个国家乡村振兴重点帮扶县进行对接帮扶,做好巩固拓展脱贫攻坚成果同乡村振兴有效衔接工作,打造社会组织助力乡村振兴公益品牌,并聚焦重点区域和重点领域,开展社会组织乡村行活动。

早在 2021 年,浙江省文联就启动了省级文艺家协会与 26 个山区县文联"结对提升"工程。12 个省文联直属文艺家协会组建"文艺家志愿者师资团",根据需要选派文艺家到结对的县(市、区)文联开展作品点评加工、节目排练、辅导培训等活动,指导结对的县(市、区)文联深度挖掘地域特色文化,开展"一县一品"品牌创建活动。2022 年 6 月 8 日,浙江省进一步开展了"浙江省乡村振兴(26 县)十大助力行动",在缙云举行的启动仪式上,正式发布了浙商助力、金融助力、数智助力、巾帼助力、青春助力、侨胞助力、扶残助力、艺术助力、体育助力、慈善助力等乡村振兴(26 县)十大助力行动。其中,艺术助力提出了"乡村在地艺术场景营造计划""艺术特色村镇培育计划""村民艺术素养提升计划""基层文联强基计划""乡村数字文化赋能计划""'三农'题材文艺精品创作计划",力争通过 3 至 5 年的努力,打造 50 个"艺术乡建"省级典型案例,建成 100 个省级艺术特色示范村、1000 个市级艺术特色示范村,推动"艺术乡建"由"盆景"逐步成为"风景",成为共同富裕示范区的鲜明标识。

　　同时,公益组织容易被自身的角色与特定的功能取向所限定,在复杂多变的乡村场域中往往表现出难以适应的特性。民间有句俗话,"十里不同风,百里不同俗",说的是乡村各地差异较大,乡村文化建设也应因地制宜,需要有针对性地差别对待和精准施策。公益组织往往模式较为单一,灵活性也不够,在面对文化差异较大的乡村时仍然会采取相同的做法。事实上,乡村文化建设很难采取统一标准进行,即使同类项目在不同的乡村也面临着截然不同的阻力与困境,而且在与当地乡村文化结合时会产生许多意想不到的结果。同时,公益组织多数是面向一个广大的区域,甚至涉及市、省乃至全国,因而存在复杂的层级结构。这种层级结构与相隔甚远的乡村相遇时,很容易超出约束的极限,导致应变能力不够。当乡村出现突发状况或差异性诉求时,变通会较为困难,容易导致乡村文化建设项目失败。公益组织还面临着另一个困境,即自身有限的资源与广袤乡村巨大的需求之间的矛盾,让公益组织面临取舍难题:选择什么样的乡村作为支援对象,用什么样的标准来取舍。为争取公益组织,基层会展开激烈的竞争,乡村间也会产生矛盾冲突,这不利于区域的和谐发展。

　　公益组织在实施乡村文化建设过程中还容易和商业机构发生各种利益冲突,产生各种难以调和的矛盾。公益组织的公益性使其在实施乡村文化建设时以文化建设为目的,而非以经济利益为导向。文化虽然是公共品,却同样具有商品的特性,在产业化、商品化过程中会生产剩余价值。从这一点来看,文化的出现必然会产生商业价值。因此,乡村文化建设也会有商业价值存在,也会有追求商业利益的文化企业参与。这必然会与以公益性为目的的公益组织产生诉求碰撞以及文化冲突。因此,在推动公益组织活动时,要平衡好文化的价值与商业性诉求,要在追求社会效益过程中允许一定程度的商业利益存在,为乡村文化建设与公益组织的存在提供一定的竞争环境,同样为整个场域增添一些活力。

三、新农人的加入

网络手段的采纳与现代化工具的熟练运用,让越来越多从事农业生产活动或与农业密切相关的生产人员展现出与传统务农人员不同的行事方式。新型农民群体超出了人们对农民认知的范畴,极大地扩大了原有农民群体范围,使更多的人摆脱了户籍地域的限制加入农民的队伍,不仅让农业生产与销售在人员协作、工具共享、技术交流等方面实现了跨区域协同,还进一步带领乡村逐步走向现代化、网络化和全球化。新农人给乡村带来全新的变革,他们是时代作用于乡村的产物,也是乡村顺应发展而孕育出的新职业。不可否认,新农人作为出现在乡村的新事物,外界对他们的认知仍然在探索中,关于他们诉进一步演变与发展,我们仍要细心观察、认真思索。因为,当前人们对新农人的认知还处于一种懵懂状态,会随着与农业深度的融合而产生极具变革的新事物,极有可能会刷新我们固有的观念。

极具普适性的百度百科将新农人界定为这样一群人:"具有科学文化素质、掌握现代农业生产技能、具备一定经营管理能力,以农业生产、经营或服务作为主要职业,以农业收入作为主要生活来源,居住在农村或城市的农业从业人员。"从百度百科的定义来看,新农人脱离了入乡极为重要的户籍地限制,也摆脱了传统族群长期存在的排外性制约,它强调了新农人必备的科学文化素质、现代生产技能、现代管理能力。但对新农人而言,以农业收入作为主要生活来源的传统却在新农人出现后展现出许多截然相反的现象,换言之,农业收入作为主要收入来源的观念被新时代的新事物尤其是新农人的生产作业方式轻易地打破了。许多新农人尤其是从事"农业+媒体"的行业人员,其农业收入远低于媒体收入或带货收入,但不可否认的是,其对乡村的促进作用非同一般。因此,当新农人将农业与其他行业联系起来共谋事业时,农业生产包含的其他商业价值就得到了有效开发,农业生产因此也超脱了传统农业生产的范畴,传统的农业生产则演变为一种辅助性生产,成为新农人职业的一部分。这使人们对新农人及其工作的认知产生了巨大的转变:一是农业生产中蕴含有大量的商业价值,而非仅仅是物质生产形成的农业产品价值；二是农业活动与其他生产方式的结合会创造大量的市场，形成新的农业生产与营销模式。这种与传统农业生产和营销模式存在着巨大差异的新模式极大地创新了农村的生产与生活方式，为乡村突变提供了契机，也为乡村文化发展打开了新的方向。例如，一些有文化底蕴的乡村大举推行乡村文旅战略，进而推动当地乡村农业生产变革，一些当地的特色农业活动被转变为表演活动，农业生产也因此成为一种辅助性生产，其目的是配合展演文化生产活动的需要。我们有时会看到这样一个场景：一群农民在农田里辛勤耕种，但另一群人则拿着类似"长枪短炮"的相机在记录、播报、解说此类农业活动，并将其发布到各大社交平台，以此谋取媒体的收益。这种收益方式超出了传统乡村村民职业的约束与限定，甚至成为部分新型农民的主要收入来源，这也将新农人的主业从农业生产转变为媒体生产。它同样也表明，新农人在逐步打破原有农业生产的各种束缚，重构乡村生产模式，树立新型发展模式，引领乡村发生根本性变革。

中国电商行业的两大巨头先后发布了新农人的报告。2015年2月，阿里巴巴旗下的阿里研究院发布了《中国新农人研究报告（2014）》。报告指出，截至2014年底，仅狭义概念上的新农人就已突破100万人。阿里研究院分析认为，狭义的新农人是指以互联网为工具，从事农业生产、流通、服务的人，其核心是"农业＋互联网"；广义的新农人则是指具备互联网思维，服务于"三农"领域的人，其核心是"'三农'＋互联网"。2021年12月2日，新电商拼多多发布了《2021新新农人成长报告》，报告显示，在拼多多平台上，1995年之后出生的"新新农人"已经成为推动农产品上行的崭新力量，截至2021年10月，平台的"新新农人"数量已超过12.6万人，在涉农商家中的占比超过13％。可以说，在新型网络平台上从事农业活动成为许多新农人的一种选择，也表明其是一种值得尝试且能成功的做法。尽管互联网的改变是如此明显，但新农人的职业范畴与核心要素远不止当下这些，特别是智能工业与农业活动的结合将带来更大的前景。"农业＋互联网"能够在乡村火爆得益于国家对乡村基础设施的提升。2015年，国务院政府工作报告中首次提出"互联网＋"行动，互联网技术开始与农业结合，让乡村步入"农业产业互联网"阶段。2015年5月20日，国务院办公厅下发《加快高速宽带网络建设推进网络提速降费的指导意见》，明确提出当年新增1.4万个行政村通宽带,在1万个行政村实施光纤到村建设,95％以上的行政村通固定或移动宽带,并在其后两年,80％以上的行政村实现光纤到村。"农业＋互联网"成功的另一个关键举措是基层的物流体系搭建。国务院办公厅于2021年7月29日发布的《关于加快农村寄递物流体系建设的意见》明确指出,农村寄递物流是农产品出村进城、消费品下乡进村的重要渠道之一,对满足农村群众生产生活需要、释放农村消费潜力、促进乡村振兴具有重要意义,要求到2025年基本形成开放惠民、集约共享、安全高效、双向畅通的农村寄递物流体系,实现乡乡有网点、村村有服务,农产品运得出、消费品进得去,农村寄递物流供给能力和服务质量显著提高,便民惠民寄递服务基本覆盖。"快递进村"工程让乡村能够解决"农业＋互联网"最为基础的物流问题,打通乡村通往外界的渠道,让新农人有了广阔的舞台。

正是得益于新农人的快速发展,乡村文化建设同样在新农人的支持下走出乡村,向外界广泛传播中国传统乡村文化。"土味文化"的火热让四川省农村姑娘李子柒的乡村作品在全网囊括了约1.15亿粉丝,在海外以1410万的YouTube订阅量刷新了由其创下的"YouTube中文频道最多订阅量"的吉尼斯世界纪录,成为一个文化输出的样板。2019年,李子柒携手新浪扬帆公益基金,为四川省的三所小学捐赠图书室,共计捐赠图书约1728册,并在同年12月担任中国农村青年致富带头人推广大使。事实上,越来越多的新农人借助乡村文化建设蹚出了一条又一条的新路,拉开乡村文化建设的新篇章,也将优秀的传统文化传播到海内外。

新农人的出现打破了乡村文化建设群体的地理范畴,让乡村文化建设成为社会共同努力的对象。越来越多的乡村因为新农人的存在而变得更加美好,也更富活力。新农人仍然被作为一个群体来看待,依靠的仍然是个体的努力,凭借个体在新兴领域所掌握的技能来赋能乡村文化建设。他们同样存在着个体所面临的各类问题,也会因为个体行动与乡村传统发展模式矛盾而承受着各种压力。事实上,这种压力不仅来源于当地乡村文化建设需要突破的压力,甚至可以将其上升到整个社会赋予新农人变革期望的压力。我们经常可以听到,涉农主播因为收入的不稳定性及面对粉丝的各种挑战与追问而不得不退出。新农人作为一个新型职业需要各界的支持与包容,更需要新的助推器来推动其健康发展。

我们可以从多个方面来协助新农人,让新农人成为"兴农人"。一是出台有力的政策为其行动提供法律、制度上的合法依据。当前,由于新农人作为一个新兴职业还没有被纳入社会职业体系与社会保障体系,难以享受到理应享受的优惠政策。我们完全可以将新农人作为新型职业来看待,利用政策把社会保障体系覆盖到相应的群体,使其逐步规范化,成为乡村最为重要的职业之一。二是借助社会各界的力量来支援新农人的工作。新农人作为一个新型职业,其工作范围早已超越传统务农工作,而且许多是极具前沿性的。特别是在数字农业领域,数据监测技术实现环境监测,智能设备实现无人作业,机器人实现信息实时播报,越来越多高新技术被新农人运用到乡村振兴中。这些都离不开外部力量的支持。当然,只有借助科学技术的力量才能真正超越传统的做法,科学力量并不是某一个新农人能够独自掌握的。因此,只有社会各界通力合作,为新农人提供科技支持,助推新农人大力兴农,才会推动乡村迈向一个新的台阶。三是加大农村农民的职业教育,用新的技术、理念培育更多的新农人,形成由新农人组成的新型乡土社会。农村职业教育一直是最难办,也是最不好办的职业教育。长期以来,农村职业教育处于低质化阶段,教育内容都是科技含量低的简单低阶内容,这与乡村新时期的发展诉求不匹配,也与时代发展的要求不匹配。因此,有必要建立新型的乡村职业教育体系,以新农人培育为契机,全面提升农村职业教育水平,为乡村文化振兴提供内生动力。

第七章

自主治理:一种新型集体行动

如何重构主体性与公共性?我们一直在努力地行动着。前面的利益相关者分析告诉我们,乡村文化建设存在着多个利益相关者,这些利益相关者彼此协作,共同建设乡村。这一分析的目的主要是通过协调权益分配减少各个利益相关环节参与乡村文化建设的阻碍,以此吸引更多的人参与其中,从而组建一个乡村文化建设团体,强化乡村文化建设的主体结构。可以说,是借助利益分配来维持乡村文化建设集体的存在,促使乡村文化建设在面临复杂多变的情景时保持主体性与公共性。但有个显著的问题,即如何促使他们在乡村文化建设中保持行动一致。很明显,依照前面的利益相关者分析,乡村文化建设是一个典型的集体行为,其中既有集体理性的行动,也存在着个体理性的张狂,在利益相关者组成的集体中,无论是个体的理性还是集体理性,都在发挥不可替代的作用。因此,如果我们将其看作一个集体,则需要思考:应该如何管理这个集体,并借助管理推动乡村文化建设,是采取制度设计、行政管制还是放任不管任由市场做出自由行为?这需要我们深入乡村文化建设,从目的、行为、文化、认同中抽丝剥茧,深入了解驱动他们的文化诱因和激励因子,探讨管理的方法与治理的手段。

乡村文化建设的主体性与公共性同样决定着乡村文化建设是一个集体行为,不仅文化生产是集体行为,而且文化消费也是集体行为。对公共性的分析表明，公共性存在着资本诉求，即所谓的利益追逐；公共性还承担着赓续文化的使命，即所谓的公共产品生产责任。尽管二者矛盾且并存于乡村文化建设的内涵之中，但乡村文化的建设主体与消费主体都不可能是个性行为，只能是集体行动，是乡村文化作为一个公共资源被集体生产取用，再被集体所消费。可以说，集体行动既是主体性的体现，也是公共性的彰显。因此，从集体行为来看，乡村文化建设是一个典型的集体行动。

一、新的集体行动

集体行动是拥有共同利益的团体围绕既定的目标而展开的协同行为。人是群居性的，集体行动是社会的一种常态，尤其是乡村，当地的村民更是在一个非常稳固的场域下长期共同生活、共同生产，从事着高密度的集体性活动。频繁的集体活动孕育着丰富且共同的信仰、语言、习俗等，形成彼此间再也熟悉不过的共同文化。

（一）乡村的集体行动传统

土地是人类赖以生存最基本的资源，也是中国乡土文化的底蕴所在。费孝通曾说过："中国人的生活是靠土地，传统的中国文化是土地里长出来的。"它简单明了地阐释了乡村文化是中国传统文化的代表，是中华民族文化的根。站在乡村的立场，乡村文化是乡村生活的一种表现形式，它与农村的农业生产活动息息相关，而农业生产活动与土地制度相关联，是围绕土地的使用与分配而形成的集体规范。因此，要建设好乡村文化，发挥乡村文化的主体性、公共性，就必然要将其与土地的关系梳理清楚，从村民的日常务农行为中找到集体行动的依据。

1950 年颁布的《中华人民共和国土地改革法》废除了地主阶级封建剥削的土地所有制，实行农民的土地所有制，土地被划给以乡或等于乡的行政村，为村民集体所有。土地改革后的集体所有制保障了农民获得土地的公平性，激发了底层农民的生产活力，体现了农民当家做主的愿望，展现了国家对社会的改造。土地改革后，乡村的集体行动得到了广泛推广，催生了人民公社运动,也带来了低效率的资源配置和搭便车行为。1978 年 11 月 24 日晚上,安徽省凤阳县凤梨公社小岗村西头严立华家低矮残破的茅屋里挤满了 18 位农民,关系全村命运的一次秘密会议此刻正在这里召开,诞生了影响整个中国农业发展的集体土地"包产到户"制度,并在一年时间就解决了长期不能解决的温饱问题,由此拉开了中国农地制度改革的序幕。1979 年 9 月,中共十一届四中全会讨论通过的《中共中央关于加快农业发展若干问题的决定》肯定了承包责任制的作用,充分认识到生产经营权下放的重要性,强调了人民公社基本核算单位有五项自主权。从集体农业行动转向个体的包干到户,将集体的经营权下放到农民家庭手中,村民在集体范畴内保持住了个体的活力。因此,家庭联产承包责任制改革非常成功,一下子扭转了农村发展局势,极大地推动了农业生产。1983 年 1 月,中共中央印发的《当前农村经济政策的若干问题》指出,联产承包责任制"是在党的领导下我国农民的伟大创造,是集体经济的自我完善和发展"。事实上,已有学者将其比作传统的集体化时代,在国家权力控制下的乡村社会经历了人民公社阶段和乡镇企业阶段。[①]

进入 21 世纪以后,在我国快速推进工业化和城镇化的过程中,农业生产的内部环境与外部环境都发生了深刻变化。一方面,农业工业化、产业化需要大片的土地生产达到规模效益,从而降低成本,增加收益;另一方面,工业化和城镇化使得农村大量劳动力转移到城镇就业,务农人员大量减少,土地出现了闲置和转包。2003 年出台的《中华人民共和国农村土地承包法》鼓励村民在一定条件下可以开展土地流转,其中第十条明确规定,"国家保护承包方依法、自愿、有偿地进行土地承包经营权流转",从而实现了农村土地所有权、承包权、经营权"三权分置"。2013 年 12 月召开的中央农村工作会议上,习近平总书记指出土地承包权主体与经营权主体发生分离,是我国农业生产关系变化的新趋势。2016 年 10 月,中共中央办公厅、国务院办公厅进一步印发了《关于完善农村土地所有权承包权经营权分置办法的意见》,全面推动"三权分置",从而再次推动农村"新集体化"进程,甚至在一些集体化

---

① 朱逸,纪晓岚.经营性治理:新集体化视阈下村庄治理的自在逻辑[J].农村经济,2013(01):12-16.

程度较高、集体经济发展较快的村庄，出现了"单位化"现象。朱逸与纪晓岚对上海九星村的调研显示了这一结果。

> 九星村位于上海市西南地区，隶属于闵行区七宝镇，处于城市近郊。20世纪90年代之前，主要以农业、手工业为主，全村村民1117户3575人。90年代之后九星村开始集中土地创建九星综合市场，并逐步发展为拥有23大类、上万种商品、市场交易额300亿元的大型市场，被誉为"中国市场第一村"。九星村的集体化发展与中国大部分村庄的集体化有着相类似的特征，村庄经历了"互助社—初级社—高级社—人民公社"阶段的传统集体化过程，在这一时期村庄呈现出了"单位化"的雏形，具有鲜明的时代特征。在改革开放之后，九星村则开始经历"新集体化"过程，即"办乡镇企业—农业合作社—股份制公司—农村社区股份合作社"的发展路径。在"新集体化"过程中，九星村实现了由农业向商业、分散向集中、外部推动向内生性发展等方面的转变，"单位化"在这一时期得到了进一步的修正与发展，较之前在功能、特征上有了较大的变化。[①]

九星村的地理优势使其具有极大的外联能力，能够获得大量的外部资源与信息优势，因此，九星村的发展模式放在另外一些地方或许并不一定行得通。九星村的集体化是在城镇化、商业化的巨大冲击下采取的自我建设行为。这种自主集体化模式打开了乡村发展的新阶段。

乡村振兴战略的持续推进，让越来越多的乡村挤上乡村文旅发展的道路，开拓旅游市场。在乡村文旅的刺激下，浙江省内许多耕地非常有限的传统村落，利用置换、收购等方式将原属于私人的古宅邸再次集体化——归村集体管理，并在统一修缮后形成乡村特有的公共文化空间对外展示，或加以利用。这种住宅的统一规划与管理，多数由乡村新型管理班子的集体决定，昭示出他们发展乡村、振兴乡村的决心。以下为笔者调研的一个现象。

---

① 朱逸,纪晓岚.嵌入于村庄的"单位"——农村"新集体化"进程中的"单位化"现象[J].晋阳学刊,2012(01):32-37.

镶炉村地处浙江省温州市永嘉县枫林镇楠溪江畔,曾名"横界头"。镶炉村土特名产是"沙岗粉干",早有八百多年的历史,已成为当地传统的家庭副业。早在300多年前,镶炉村的先民就在这里设炉铸镶,产品销往全县各地并扩展至市区和邻县,"镶炉村"名号越叫越响,于是一直沿袭了下来。镶炉村的铁器铸造技术是永嘉县非物质文化遗产之一,主要产品有耕种用的犁头、铁镶以及灶台里面烧水的汤罐。从发展历程来看,镶炉村的铸镶行为是典型的集体行为,主要原因是土地资源的供给非常有限,为了生活,村里人自发组织起来转向手工制造业,这种集体行为在中国的传统乡村比较普遍,它是一种典型的、借助族群的互帮互带,自发形成的集体合作模式。

作为一个地处以外出经商闻名的"温商"滋生地区的乡村,镶炉村尽管离温州城区仅50公里,但同样没有摆脱人员外流的窘迫处境,村里很多村民远赴异地经商,乡村空心化比较严重。2021年,浙江省委、省政府作出建设未来乡村的重大决策部署,以人本化、生态化、数字化为建设方向,一体推进"美丽乡村+数字乡村+共富乡村+人文乡村+善治乡村"建设,全力打造引领数字生活体验、呈现未来元素、彰显江南韵味的未来乡村浙江范例。镶炉村抓住契机,入选温州"未来乡村"建设第二批名单。于是,镶炉村开始聚焦乡村新产业、新业态、新模式,创新"农业+旅游""农业+文创"等发展模式,以"一心两带四组团"的规划理念,定位"楠溪江畔·归心原乡",不断整合资源,构建"五化""十大应用场景",着力打造枫林乃至永嘉的未来乡村样板。弃商回乡的村支书首先将村内散养的动物圈到山脚下集中起来,消除了村庄脏乱现象。同时,将土地集中起来,发展乡村文创产业,规划打造占地200亩的文化休闲基地、摄影基地。同时,在村庄铺路、修停车场、修建公共厕所、改造村民自家庭院、建设公共设施,并将沿江河道因地制宜地改造成极具特色的露天文化长廊。村子面貌的改善让当地的村民体会到集体行为带来的益处。更令人兴奋的是,所有这些费用全由村集体负担,村民个体并不承担任何费用。村支书告诉我们:"我们并不强迫村民怎样做,只需要他告诉我,他家的庭院、门前的路愿意接受整改,我们就上门去,不需要他做任何事情,也不需要他掏钱。"这种鼓励使镶炉村发生了极大的变化,村民积极配合,乡村变得更加美丽。

镶炉村前后两种集体化行为存在着较大的差异。前者是一种自发组织的经营行为,主要依靠乡村族群内部关系发展起来,为内部自我形成的组织集体行为,组织较为松散,信任程度较高,是追求个体发展的集体行为。后一种是一种新型集体化,它由基础组织、当地政府、外来利益相关者共同组织完成,村民不仅参与其中,而且主导着整个活动,其组织结构往往以制度化、契约形式存在,为达成乡村既定的目标服务,是一种以项目为导向的集体行为。

(二)乡村文化的新型集体生产现象

乡村长期以来就存在着由共同信念组成的地域文化。乡村作为一个族群集聚地,共同的语言、相似的行为方式、共有的道德观念形塑着一代又一代的人,维持着相同的文化理念。可以说,乡村文化在很大程度上具有显而易见的共同性,呈现出集体式的文化生产与消费行为,这也是传统乡村文化"公共性"的体现。在水系发达的浙江乡村,滋生出一种典型的船帮文化,他们依水为生,拥有自己的仪式、风俗。虞卫球就描述了浙江舟山群岛独特的"兰秀帮"文化,认为其是一个能代表舟山海洋文化主要特征的群体。在二十世纪二三四十年代中,以厉氏等家族为主的秀山"兰秀帮"船队,声名赫赫,其航线南到泉州、厦门、广州,北至上海、青岛,为舟山航运历史增添了光辉一页。兰秀厉氏海商敢于冒险、善于融通的精神,孕育出十多位实业家、航空先驱、诗人,形成独特的文化圈——"兰秀帮文化"[1]。

当下,城乡发展的巨大鸿沟导致城乡文化供给并不均衡,许多乡村文化出现了没落状况。这一点,已经在前面交代过了。但在某些传统文化乡村,现代文化的侵袭并没有消除掉其原有的传统文化,恰恰相反,原本已经接近消失的文化在乡村的集体行动中再次出现在人们面前,而且愈发受到人们的关注,显露出顽强的生命力。下面是摘自浙江省云和县的"云和旅游"报道的内容:

> 浙江省云和县紧水滩镇船帮文化节已在石浦村举行四届。瓯江龙舟赛是船帮文化节上的重头戏。当地村民首先在紧水滩镇石

---

① 虞卫球.浙江舟山"兰秀帮"研究[D].舟山:浙江海洋大学,2016.

浦村船帮会所和码头举行祭天妃仪式和开船仪式。祭天妃开船仪式是祈祷来年开船顺利和平安的神圣大典，更是石浦船帮后人深入骨髓的"船帮情结"。瓯江龙舟赛前先在石浦大樟树码头举行龙舟点睛仪式，嘉宾为龙舟点睛，点睛后的龙舟，如同被唤醒一般，精神抖擞，龙威尽显。然后各个邻村各个龙舟竞相出发，争夺先机。在船帮节当天活动期间，主办方安排瓯江蚱蜢船方队表演，再现瓯江船帮景象。

这里需要指出的是，浙江石浦的渔民早已经摆脱了传统的捕捞方式，新型的钢铁渔船远渡外海，船员的渔业生活也随之发生了巨大的转变，甚至一部分渔船转变为供游客体验捕鱼的工具。

如果说传统文化的再现赋予了传统文化新的生命活力，并为人们如何发扬传统文化提供了一种实践参照，那么在浙江的另一个山村，却产生了一种与外来者合作的新型集体文化行为。

东梓关村将村内 10 余幢清末民初古建筑通过补偿、置换等方式收归集体所有，开发文化活动；又联合外界公司，聘请外地设计公司进行方案设计，借助新农村建设创新乡村文化空间，打造出一个极具本地特色的文化品牌"杭派民居"。于是，在东梓关村古建筑与新民居毗邻而立，形成了一种"新与古搭配"。2016 年 4 月，东梓关村因"杭派民居"示范村项目被网民评为"最美回迁房"，上过央视新闻联播、央视 2 套、央视 10 套等，被中央级媒体宣传报道 10 余次、省市级媒体 30 余次，并成功入选 2017 年度杭州品质生活总点评十大现象，还作为 2017 年央视春晚片花，网上点击量达到"10 亿＋"，东梓关村由此成为名副其实的"网红村"。

对传统文化的抽象意象进行解码后再编码，再实践创造一种新的文化空间，新的空间推动乡村文化空间向现代空间转型，赋予乡村文化空间新面貌。这种文化空间既契合了人们对传统文化生活的想象，也契合了人们对文化象征性元素的认知。这种空间的表象到表征性的空间的构建过程是乡村文化场景的搭建过程，实现了从意象领域到实践领域的跨越。这种主观对文化空间的塑造与修改，诚如列斐伏尔所言：表征性空间仅有的成果是象征性作品，受空间—时间的约束，并接受其检验，有时赶上的'美学'潮流，也会因为其他意象的反对与攻击而被逐出潮流。[①]　事实上，可以把这种塑造与修改看作一种集体文化创新行为。这种创新行为把传统文化元素在认知中刻画出来，形成新的理解与意象元素，利用乡村游客的感知在游客的心里重新建构出新的"空间符码"与乡村意象，以文化唤醒人们对乡愁的记忆。这种集体创新行为实现生产工具的转换，即原有的生产工具是基于农业生产的，而在创新作用下生产工具转变为文化工具，作为传递乡村文化的代表被安置在特定空间中，既受外在控制的影响，又保持了内在统一性，使乡村文化空间在保持整体性基础上兼具多样性。

二、乡村文化建设集体行动的三重逻辑

乡村文化建设的新型集体行动是因适应社会发展而产生的一种发展乡村文化的共同行为方式，这种共同行为方式有其现实逻辑、实践逻辑与价值逻辑。正是在这几种逻辑的支撑下，新时期乡村文化建设出现了有别于传统的发展模式。换言之，这几种行为逻辑对乡村文化建设的变革起着重要的推动作用。

（一）现实逻辑

集体生产本身就是乡村文化的特征。乡村文化的集体生产目的是维护族群的稳定，"人是类性、群体性和个体性的现实统一"[②]。人的群体性是社会分工的基础，体现了人作为社会产物而存在。人类社会越发展，越不可能脱离社会群体的束缚。乡村是一个族群集聚地，聚族而居是其典型的特征。他们以血缘、地缘缔结的纽带关系，在群居中形成特有的乡土社会结构。费孝通曾将其描述为一种"熟人社会"，其社会结构与西方存在着截然不同的差别，是一种以"以亲属关系所联系成的社会关系网络"组成的"差序格局"。

---

① 亨利·列斐伏尔.空间的生产[M].刘怀玉，等，译.北京：商务印书馆，2022：65.
② 易小明.从人的三重属性看当前我国所有制变革的合理性[J].北京大学学报（哲学社会科学版），2002（03）：91-95.

这种社会结构如蜘蛛网般地将人们紧密联系在一起。乡村族群化目的是保护族群繁衍,维持族群抵御外界风险的能力,特别是规避战争、与其他族群之间争夺资源等,有的时候为了保护族群整个村落被迫进行整体性迁址。为了增强乡村族群的内聚性,乡村依托传统文化的内核,结合地域文化资源,按照族群风俗习惯,生产了自身的文化。"十里不同风,百里不同俗"就是其真实的写照。从这种观点来看,乡村文化成为乡村维护族群团结的工具与手段,"通过一系列的礼仪,来强化祖先形象,加强祖先与后世的联系,建立后世子孙的伦理道德观念,维护家族团结,提高宗族凝聚力"①。族群领导者"依靠乡村文化网络获得权威和认受性,他们在权力的文化网络中发挥着组织领导的作用。凭借对乡村文化网络(族群内部的宗族关系和宗教信仰以及族群关系等)的操控,主族及其首领有力地控制着乡村社会"②。这同样反映了一个根本性的事实,即乡村文化建设本身就是乡村的集体行为,是乡村长期集体化累积的结果,并不属于某一单一个体的自我创造行为。乡村文化的集体生产导致了各地形成的文化存在着显著的差异,是乡村文化多样性的根本原因。

以浙江畲族变迁为例。据邱国珍的考察,浙江的畲族多数由广东直接迁入,也有由广东经江西转道入浙江的,还有部分经浙江入安徽。③ 浙江畲族多生活在浙西南的山地和丘陵地区,在明清时大量迁入。尽管畲族没有自己的文字,但畲族的民间传说一直流传至今,其中《蓝洁妹智训三和尚》《雷大相的传说》《雷法有公公》都是反映畲族民间传说的代表作品。畲族盘古神话《盘古王造天造地》《火烧天火烧地》《三公主引水脉》等历史悠久,其中,盘古神话最早见于三国时期徐整的《三五历记》。最令人惊奇的是,畲族史诗《高皇歌》可能创作于氏族社会末期,迄今3000多年,虽说现有十几种版本,且多分布在福建、浙江等地,但内容大致相同。尽管浙江畲族多数由外迁入而来,但始终保持着祖灵崇拜、祭祀神灵的信仰民俗,有些非常有特色,

---

① 张杨格.宗族图像叙事与乡村文化共同体构建——以江西婺源地区为例[J].江西社会科学,2021,41(03):238-244.

② 张和清.主族控制下的族群杂居村落　权力的文化网络视角[J].社会,2010,30(02):20-44.

③ 邱国珍.浙江畲族史[M].杭州:杭州出版社,2010:16.

如在松阳、丽水、云和、青田等地的畲民信奉插花娘,并祭谢歌礼。

乡村文化的集体生产是农业生产活动的需要。乡村文化诞生于农业生产活动中,是以围绕农业生产活动为主的文化现象。农业生产活动同样借助乡村文化为其凝聚了劳动力,借助集体参与式的文化生产,提升了人们参与农业生产的积极性,保障了农业生产稳定有序地开展。更进一步说,乡村群体行为的目的同样是服务于农业分工协作的需要。农业生产深受气候的影响,需要在特定的时间与空间中生产,它需要生产者紧密协作。因此,在乡村,有"看天吃饭""远亲赶不上近邻"说法。为了确保农业生产活动的正常开展,不仅需要物质资源分配,比如住房、土地、工具等,而且需要精神层面的统一。作为一个农业国家,长期艰苦的农耕生产活动是迫使乡村维持集体性的基础。乡村文化成为乡村维持这一基础的手段和工具,以及农业活动压力释放、村民安分守己的渠道。借助文化的教育功能与整合功能,配合血缘关系的纽带,在乡村实现了族群的内在集聚作用。

地方特有的资源禀赋是乡村文化生产集体行动的根源。乡村独特的人文景观、自然风貌都是其资源禀赋,是乡村文化建设重要的资源池,从而有了集体性根源,也催生了集体性的文化生产。乡村文化的活动与其所处的地理环境紧密相关。其对农业生产活动的限制形成特有的生产作业方式、特有的农业活动以及日常生活方式,这些都是乡村文化生产的源泉,而这些与其所处的地理环境紧密相关。从空间的视域来看,这种空间内各种资源的汇集,迫使大家抱团协作,同时分享彼此信念与信仰,维持文化表征的一致性。

日常的习性生活铸就了文化生产的集体性。群落集聚生活让乡村文化的生产能够迅速在群落里传播。为了方便彼此照顾,分工协作,他们选择群聚生活。日常的交流赋予了他们丰富的文化生活交换,即使存在差异性的文化,也会在交流中变得日渐趋同。日常交流使他们越来越具有同样的饮食习惯,长期的生活方式培育出了独特的习性,习性作为一种文化培育形成的惯性,容易在族群中形成一种稳固的生产模式。在乡间行走,常常会看到这样一种场景:农忙后的村民在大树下、开阔的庭院前、田间地头中聊天、叙家常,这种日常交流既保持亲密的关系,以便于彼此间的协作,也培养了共同习性。有时候,为了培育习性,乡村往往根据生产活动的安排举办各类庆祝仪式活动,形成自身的民俗传统,从而在活动中进一步维持着集体性。

(二)实践逻辑

乡村文化建设的新型集体行为还体现在文化建设的实践需要,以实践的文化结晶为根基,以满足实践的精神需要开展集体行动。文化活动本身就是一种实践,乡村文化建设的利益相关者必然在实践中认知乡村文化的价值,弘扬优秀传统文化,也在实践中获得新的文化感知,创新文化内涵与形式。

乡村文化建设为乡村振兴牢"根"铸"魂",需要社会各界的集体行动。乡村振兴作为国家顶层的宏观战略,为乡村现代化发展提供了指引与规划,它需要打破原有的乡村建设模式,聚集社会各界力量全面投入,创新性地建设乡村文化。一方面,新时期的乡村文化振兴面临着诸多难题,既要解决传统文化的现代传承问题,探索数字化、智能化的发展路径,还要在日常活动中积极融入科技文化、健康文化、发展文化等新的文化理念,来改善乡村日常生活习性的品质,剔除掉各种陋习。这需要社会文化机构、学校团体、社会工作者等多方利益相关者集体参与其中,借助多方力量提升乡村文化建设水平,为乡村营造宜居的人文环境。另一方面,乡风文明是乡村振兴的总体要求之一,乡村振兴不仅需要重新焕发乡村活力,还需要在精神领域为新时期乡风塑造提供支持。乡风文明要求开展移风易俗活动,改善农民精神风貌,必然需要新的行为方式与新的思想理念来武装乡村文化,这需要跳出村庄原有旧文化的束缚,接受新的发展理念与新的行为准则,必然需要新的力量来供给这些新的内容。

新农村文化建设需要多方参与,集体为乡村公共文化提供舞台。2022年6月,中共中央办公厅、国务院办公厅印发的《乡村建设行动实施方案》提出:"以习近平新时代中国特色社会主义思想为指导,坚持农业农村优先发展,把乡村建设摆在社会主义现代化建设的重要位置,顺应农民群众对美好生活的向往,以普惠性、基础性、兜底性民生建设为重点,强化规划引领,统筹资源要素,动员各方力量,加强农村基础设施和公共服务体系建设,建立自下而上、村民自治、农民参与的实施机制,既尽力而为又量力而行,求好不求快,干一件成一件,努力让农村具备更好生活条件,建设宜居宜业美丽乡村。"要求保护传统村落民居和传承优秀乡土文化,还要求推进乡村文化设施建设,建设文化礼堂、文化广场、乡村戏台、非遗传习场所等公共文化设施。要求完善农民参与乡村建设机制,并充分发挥村民委员会、村务监督委员会、集体经济组织作用,引导农民全程参与乡村建设。

农村文化礼堂是浙江精神文化建设领域的一个创举。从 2013 年起,浙江省启动了农村文化礼堂建设,计划到 2020 年底,实现农村文化礼堂全覆盖。借助"政府—地方—群众"的集体行动,在农村文化礼堂集聚了农村的各类文化资源,将农家书屋、广播室、面向少年儿童的"春泥计划"活动室等机构纳入统一管理,化"单兵推进"为"集团作战"。在政策的引领下,浙江全省各村集体主导的文化礼堂建设如火如荼地展开,集体再造乡村文化的组织建设与场地建设,在乡村形成新型文化阵地。在浙江省杭州市富阳区,湖源乡新一村的文化礼堂是富阳区最大的文化礼堂,在这里,村民的各类文化活动如"村晚""文化暖心活动"有序地开展起来。2022 年,由新一村文化礼堂进一步改造而成的"村播学院"落成。"村播学院"在保留原有文化礼堂功能外,新增农产品体验区、直播间、学员培训室等区块,打造线上线下一站式地方文化展示和农产品展销中心,引导村民通过手机直播带领网友赏村景、看村戏、购美食,既扩大特色乡土文化的传播,又促进村民致富增收,助力乡村振兴和共同富裕。

新时期的乡村公共文化建设,顺应了农民群众对美好生活的向往,含有新时代的特征,极大地创新了乡村文化建设形态。

共同富裕同样是集体性的体现,同样为乡村文化建设提供了集体行动的契机。共同富裕是国家在新时期根据国家发展阶段,审时度势提出的发展战略,其目的是促进社会整体协同发展。共同富裕不仅要体现在经济领域,还要体现在文化领域。当前,城乡之间存在着巨大的经济鸿沟、数字鸿沟、文化鸿沟,这些鸿沟都需要借助共同富裕来消除。要统筹乡村文化资源,实现互补式协同发展,必须在文化领域增加公共文化的供给,提升乡村文化水平,赋予城乡文化交流的基础。共同富裕还需要借助文化产业发展来推动。乡村文化产业长期来看是一个薄弱的产业,乡村文化产品是乡村自娱自乐的自我文化活动,缺乏商业化的手段,以至于积极性不高,发展层次较低。国家发展乡村文旅,推动乡村振兴文化产业,以及网络土味文化的兴起都显著地带动了乡村直播与乡村娱乐产业发展,这同样需要借助外界力量提供配套设施的搭建、宣传的推广、产品技术的加工等支持。这种多方合作的集体行动,举全社会之力为乡村实现共同富裕提供了解决方案。

浙江省金华市浦江县虞宅乡深入贯彻落实省委省政府"两进两回"行动计划精神,以国家级生态乡镇为基底,落实"资金、科技进乡村""青年、乡贤回农村"两进两回行动,努力破解农村要素制约,推动实现农业农村高质量发展。前明村、新光村通过运行"1＋3＋N"乡村创业组织新模式,积极支持人才返乡创业,不断增强乡村产业发展新动能,成功获评 2021 年度返乡入乡合作创业村。前明村主打"运动经济",通过激活乡村研学市场,以"体创"为主线,依靠村集体经济有效管理,串联原有体育要素,新创办全县第一个以研学为主题的鱼泡泡营地,并引进乡贤运营人才团队,嫁接金华市区客源发展文旅产业等举措,打造"运动前明"乡村品牌。2021 年开园以来,营地推出"研学季""毕业季""夏令营"等研学主题活动,吸引金华市内中小学学生前来学习团建。据不完全统计,2021 年春季就吸引了近 3 万名学生前来研学,基地全年接待游学、夏令营超过 4 万人次,成为新冠疫情冲击下文旅行业的一个"弯道超车"大型景点。新光村则依靠"创客 IP"赋能,让这个老牌网红村重新焕发活力。新光村依托灵岩古庄园文化,吸引首批创客青年,打造廿玖间里青创基地,辐射带动周边想创业的青年回村发展,鼓励优秀创客尤其是党员创客组成"红创帮帮团",依托一个基层党建引领,打造"村经济合作社＋合作主体＋专业协会"的管理运营机制,激发"N"个农村创业主体活力,形成 3.0 版共赢模式,实现村集体有收入、村产业有出路、村民就业有岗位多重目标。

(三)价值逻辑

乡村文化蕴含的传统文化理念,独有的世界观、价值观、人生观,是在人与自然长期的共生中获得的精神与感悟,也是村民共同的精神寄托,它早已融入村民的农业生产与日常生活中,成为乡村集体的文化内核。曹萍认为,乡村精神家园主要是指在长期的乡村实践中形成的,以乡村文化为土壤,并由被主体所普遍认同的文化认知、道德观念、价值理念、理想信念等要素构成的意义世界和理想境界。① 在乡村,自然、社会、个体得到了有效统一,人与自然、人与社会、人与人之间协同共生,既有"与人为善""守望相助""尊老爱幼"的美德彰显和睦的人际关系,也有"天人合一""敬畏自然"的世界观凸显人对自然的敬畏之情,同样有"修身齐家""采菊东篱下,悠然见南山"的精神意蕴刻画个体置身田园生活达到修身养性的心境。乡村文化的价值意蕴是中华传统文化的精神内核,承载有中华文明五千多年的厚重历史,都是中华文化的重要遗产。在广袤的乡村,村民不仅将这一精神意蕴物化到建筑、工具、生活物品上,形成了乡村特有的物质文化,而且将其融入日常行为,贯彻到自身的行为中,化身成乡村共有的非物质文化,共同为乡村提供精神家园,满足村民的精神生活需要。

乡村文化的价值意蕴体现在日常的谚语、习俗、生活习性上,展现出"集体＋地域"的文化特征,形成了以地域范畴为标识的价值理念与生活态度。文化的精神内涵具有共同性。在信仰上各个地方往往具有共同的精神寄托,体现在对神灵的信仰、农业生产中的态度、村里人事评价等方面。在浙江,宗祠文化非常盛行,几乎每个村都有自己的宗祠,村里的德贤与先祖被列入祠堂,成为村民共同的榜样。在某些乡村,自然景物,比如山石、树木、动物同样成为精神的寄托。借助物化再生的形象,转变为对未来的想象,村民的精神世界得到满足。集体性的表达是共同语言的表达方式。地方特有的资源禀赋成为乡村文化生产取用的资源池,它表现在方言、习俗、地域认同上。乡村本地方言所蕴含的隐喻是村民彼此理解的基础,每一个乡村的俚语、俗称、简称往往都具有特定的含义,能刻画出生活的各种景象。借助方言特有的语言魅力与表达技巧,村民将乡村文化中蕴含特有的人生观念融入其中,形成特定的意涵。因此,在乡村这一地域下,乡村的地方方言既有一定的内聚功能,也展现出一定的文化排斥特性。再次,乡村的文化行为同样具有共同性,是共同价值观驱使的必然。乡村的文化行为是乡村围绕农业活动与日常生活展开的各种文化行为,如贴春联、舞龙灯、跳竹舞等,是

---

① 曹萍,李艳,王彬彬.乡村振兴视阈下乡村精神家园构建研究[J].内蒙古社会科学(汉文版),2019,40(06):194-199.

村民文化活动的体现,也蕴含着村民对日常生产生活看法所凝聚成的文化价值理念。这种文化行为是通过代际传递实现的,以口耳相传、行为模范诱导方式进行,其目的是使下一代接受文化行为的制约达到传承文化、凝聚团体的目的。不可否认,单一个体难以实现上述文化传承的目的,需要全体乡村村民的集体行动,需要他们在共同的价值理念驱使下,通过日复一日、年复一年的代际传递行为实现文化赓续。

价值观的再凝聚同样需要乡村文化建设采取集体行动。当前,受外部环境的影响,文化传承的断裂、商业化的质变、互联网的侵袭都对传统文化价值观造成了巨大的冲击,乡村文化价值滑坡已成为乡村文化发展面临的最大挑战。与此同时,乡村文化建设的时代语境发生了颠覆性的转变,数字化、网络化携带的各种拜金主义、享乐主义、利己主义不断冲刷着人们的道德底线,淡化了克勤克俭的奋斗精神以及与邻为善、以邻为伴的交往关系,人们的精神生活从对自然的感悟转移到对物质消费的追逐,从和谐共生的发展理念变为对自然资源的贪婪攫取,从睦邻友好的主客关系转化为利益至上的客商关系。此外,乡村的道德观念也同步发生了转变,不再遵从于礼俗的约束。可以说,站在乡村的视域来看,优秀传统文化的生存空间被不断压缩,乡村文化的价值理念长期遭遇侵袭、置换、恶搞。纠正这一做法的关键在于必须从集体层面出发,将优良的乡村文化价值观再凝聚起来,将德治、法治、自治结合起来,在乡村崇尚美德,在乡村重寻文脉,让乡村的价值理念得到宣扬。

城乡融合发展需要发挥集体智慧,构建新的表达体系来支撑乡村文化在新的语境中维持已有的价值意蕴。城乡二元对立是社会发展不平衡的体现,会影响社会的稳定与繁荣。党的十八届三中全会提出以"城乡一体化发展"破除城乡二元结构,本质是践行了马克思主义的城乡融合观,从社会发展的演化格局中全面统筹城乡发展,走出一条中国特色的城乡发展道路。城乡融合发展需要文化交融来引领。只有以文化融合为引子,引导传统乡村文明与现代文明有效对接,让城乡文化全面交融,才能切实推动城乡融合。对城乡文化交融的具体落脚点,滕翠华认为,中国特色城乡文化一体化发展的理论内涵是实现城乡文化权利上平等、文化政策上一致、文化资源上互补、文化发展上互动、文化改革上互促。① 城乡文化交融发展必须结合城市文明与乡村文明各自的优点，利用城市文明的现代化手段和时尚元素，与优秀传统乡村文化内涵相结合，以社会主义核心价值观为基础，创新文化价值的表达形式，既要适应早已固化的乡村传播模式，也要适应网络的快速扩散方式。这需要加强城市文化工作者、乡村文化传承者、网络文化推广者的通力合作，利用群体的力量促使现代与传统在乡村文化中得到有效的融合与发展。

三、乡村文化建设集体行动自主治理

(一)集体自治的相关理论

公共事务治理始终是整个社会面临的难题。它的关键在于对公共池塘资源的公正取用，因为它考验着集体的行动与自我的调控。依据埃莉诺·奥斯特罗姆的定义，公共池塘资源是"一个自然的或人造的资源系统，这个系统之大，使得排斥因使用资源而获益的潜在受益者的成本很高(但并不是不可能排除)"②。公共池塘资源在西方学者眼中被理解为一个资源系统，其具备的特点是具有竞争性、规模较小、不具有排他性。对如何取用公共池塘资源的思考是集体行动理论产生的根源。英国学者加勒特·哈丁提出的"公地悲剧"揭示了一个令众人惊讶的场景："虽然善用公共资源，可以为集体和每个个体带来长远的收益，但是个体总会受到'何不捞一把'的诱惑，采取自私的短期策略，导致公共资源走向耗尽。"哈丁提出的"公地悲剧"拉开了集体行动研究序幕，"搭便车"成为个体理性行为与集体理性行为相互博弈的对象，博弈论的"囚徒困境"则是集体行动中的个体为了获取利益最大化而产生相互博弈的另一种情景。但"囚徒困境"作为基于对信息全面感知

---

① 滕翠华.中国特色城乡文化一体化发展的理论基石[J].河北经贸大学学报，2014，35(06)：130-133＋142.

② 埃莉诺·奥斯特罗姆.公共事务的治理之道[M].余逊达，陈旭东，译.上海：上海译文出版社，2012：36.

后做出的理性行为,与现实中大量存在着信息差的现象不符合。对于搭便车行为,埃莉诺·奥斯特罗姆走出了一条另外的线路,她在研究公共池塘资源的治理情境时,发现自治主体能够依靠已有的社会资本组织起来解决制度的供给与变迁、承诺兑现和个人遵守规则的监督三大难题。简单来说,透过一定集体行为规范,自主治理可以起到很好的效果。

集体行动的自主治理给集体行为管理提供了一种可靠依据。借助较低强度的制度约束机制与有效的激励手段,集体行动的自主治理能打开各种束缚、激发潜能、发挥优势,有助于实现集体自我的高效管理。一方面它能为基层探索自我治理提供依据,减少不必要的环节,提高效率。基层的治理往往层级多、地理偏远、人员复杂,治理较为困难。探索基层的自主治理手段能够显著提高治理效率,迅速处理各类常见事务,及时解决一些突发状况,甚至将问题处置在初期。另一方面,自主治理能够显著提高参与者的"主体性"。借助集体行动的自主治理,集体行动从管制走向自律,从制度驱使演变为内在驱使,不仅自觉性增强了,而且在意识层面显著地提高了参与者的"主体性"。集体行动的自主治理还能强化集体性,维持集体行动的全面统一。通过自治,塑造一种习性,迫使参与者严格遵守集体规则,注重集体利益。因此,集体行动的自主治理会时刻维护集体利益,遵守集体的准则,保持行动的统一。

(二)乡村文化建设的集体自治

乡村文化建设的集体自治是乡村文化利益相关者在推进乡村文化建设的各项任务时,自我调节、自我管理、自我进化、相互协作,共同推动乡村文化建设。正如前文所说,乡村文化建设不仅是乡村文化利益相关者的文化生产协作,更是彼此相互关系的建立,涉及信任、协作、互惠、包容等内容。要将不同的利益相关者纳入建设体系之中,不仅要协调各方的权益诉求,还要根据各自的社会结构特征来组织。因此,它需要在一定的机制引导下,培育乡村文化建设者自我管理、自我协调、自我进化的能力,让利益相关者之间达到无缝协作,关系更加亲密无间,从而能有更好的文化生产效果。

乡村文化建设集体自治的目的是实现高效的团体协作,推动乡村文化建设者能够顺利完成各项乡村文化建设任务。集体自治是多方参与的集体行动,它服务于一个共同的目标,即建设好乡村文化。当前,数字技术更新迭代迅速,各种智能设备搭建的场景日趋复杂,人们的需求也更加多样,这些都需要多元化的参与来解决乡村文化发展面临的各类问题。借助集体自治,乡村文化建设者可以在内部消化掉权益矛盾、化解各类文化冲突。集体自治还有助于提升参与者的处理能力、协调能力、管理能力,维护集体的团结,在乡村孵化出各类文化组织,服务于乡村文化振兴。

　　乡村文化建设的集体自治应秉持一定原则。首先,要基于认同乡村文化价值理念这一共识。乡村文化建设首先要建立在对乡村文化认同的基础上,以传承弘扬乡村文化为己任。如果偏离了乡村文化的价值体系、道德体系、思想体系,集体自治带来的结果只会是在乡村引发各种矛盾与冲突,根本上难以实现乡村文化建设的目标。其次,要遵守国家意识形态的要求,践行传统优良习俗。遵守传统优良习俗是遵守乡村优秀传统文化长期形成的规则与形式要求,要保护优秀的传统文化,契合乡村已有的优良行为方式;遵守国家意识形态的要求则需要乡村文化建设始终将党的思想、党的理念融入文化建设,在建设中始终遵循党的方针与政策。再次,要结合市场规则与社会效益来开展。乡村文化的建设既要注重经济效益,同时要注重社会效益,要坚持经济效益与社会效益并重。最后,集体自治应体现出特色,应因地制宜地展开。乡村文化具有很强的地域特色,代表着该地族群共同的信念与行为特征,许多乡村文化已经在日常生活中形成了我们所熟知的习性。集体自治应注重乡村文化所关联的各种习性行为,在遵循、引导、转换方式的基础上因地制宜地展开各项治理活动,协调各方权益诉求与实践方式。

　　如何实现乡村文化建设的集体自治的确是一个难题。尽管各地都在探索相应的解决方法,但还是缺乏一个足以引人关注的有效举措。从乡村文化建设的需要与集体自治理论的视域出发考虑,有效的集体自治行为应包括以下几个方面:外部的激励机制,多方参与的协商机制,树立共同遵守的标准。外部的激励是以利益相关者的权益诉求为基础,以名誉、资金、优惠为配套方式,由地方政府、公益组织、协会机构共同赋予,以此激发他们自觉遵守各自的义务,履行相应的职责。自治不是完全的自律,同样需要协商。集体自治的协商主要借助民间的协商机构和个人,在地方自行组织协商,可以是定期协商,也可以是临时协商。其间,乡村应提供协商的参与机制、具体的操作规范与协商的场所。协商应公平、公正举行,而不应是胁迫与欺诈。树立共同遵守的标准是在集体形成一个共识,即权益分配的共识、职责对等的共识,并形成客观的标准,以此约束他们的行为,排除行动的障碍。

乡村文化建设的集体自治并不是要摆脱政府的管制与影响,相反,恰恰是政府领导下的集体自治行为。自治作为乡村三治之一,已经被列为治理乡村的指导思想。2019 年 6 月 23 日,中共中央办公厅、国务院办公厅印发《关于加强和改进乡村治理的指导意见》(以下简称《意见》),围绕建设善治乡村,明确了 17 个方面的重点任务,提出了健全自治、法治、德治相结合的乡村治理体系的要求,提升乡镇和村为农服务能力。同年 6 月 24 日,国务院新闻办公室举行发布会,中央农村工作领导小组办公室副主任、农业农村部副部长韩俊对《意见》做了阐释。他表示,《意见》的核心是强调自治、法治、德治的有机结合。"自治属于村庄的范畴,法治属于国家的范畴,德治属于社会的范畴,这三种方式是互为补充、互相衔接、缺一不可的。"韩俊认为:"乡村治理要以自治为基础,以法治为根本,以德治为引领,建立健全党委领导、政府负责、社会协同、公众参与、法治保障、科技支撑的现代乡村社会治理体制。"[1]韩俊还指出,健全完善村民自治需进一步健全农村基层民主选举、民主决策、民主管理、民主监督的机制,提高农民主动参与村庄公共事务的积极性,凸显农民在乡村治理中的主体地位。总之,乡村文化建设的集体自治行为,是"让农民自己'说事、议事、主事'",是推动乡村文化发展的一种长效机制,我们应鼓励、组织、管理好乡村自治行为,让其为乡村文化建设服务,为乡村振兴服务。只有把乡村文化建设的自治工作做好,才能激发乡村文化活力,推动乡村文化发展。

---

① 人民日报海外版."三治"并举促乡村振兴[EB/OL].(2019-06-25)[2021-05-19]. http://www.gov.cn/zhengce/2019-06/25/content_5402918.htm.

第八章

最后的总结

我们不得不承认这样一种观点：进入 21 世纪以来，飞速的社会变革正以摧枯拉朽的方式颠覆了传统的乡村发展模式，推动农业生产生活与社会各行各业相交融，使得传统封闭的乡村社会逐步开放化、多元化、现代化。在社会以变革为标识的语境中，淳朴且较为闭塞的乡村社会正改头换面，以新的方式呈现在人们面前，不仅原初的乡村乡貌发生了彻底的形象颠覆，成为许多人向往的"打卡地"，乡村社会固有的交往方式、生产方式、生活方式、族群范畴、职业活动等也都发生了彻底的变革，走上了现代化的发展道路。代表社会高水平发展的工业化、数字化、信息化开始全面侵入传统的乡土社会，数字农业、智慧农业、生态农业等一批新型业态在乡村接连出现，彻底重构了乡村的生产方式与社会结构。可以说，中国乡村正面临着百年未有的大变局。

乡村文化建设同样深受其影响，展现出许多新面貌，越来越多的乡村不仅拥有许多社会潮流元素，甚至西方文化也在乡村粉墨登场，多元化已经成为乡村文化一种普遍形式。再加上媒体持续下沉，乡村文化在网络的轰炸下实现了媒介普遍上扬，使"土味文化"日益成为文化传播中的常见形态。简言之，本地特色的乡村文化越来越为大众所熟知，成为编辑、加工、传播的对象供大众消费，而一些外来文化元素开始在乡村扎根生长，成为乡土文化的一部分。

抓住新时代变革的契机,全面夯实乡村文化建设基础,让乡村再次繁荣不仅是业界、学界许多人的共识,也是国家早已谋划制定的长远发展规划。自2015年乡村振兴战略提出以后,国家将越来越多的社会资源向乡村转移,相关的优惠政策与经济补偿举措逐步向乡村倾斜,有意引导社会发展重心转向乡村,从而破解社会发展不平衡的局面。为了达到乡村振兴的目的,国家不仅要求基层政府全面辅助乡村脱贫致富,而且鼓励社会各界以各种方式嵌入乡村生产生活,从多个方面、多个层面、多个角度来共同振兴乡村。政府积极的举措取得了巨大的成效,越来越多的乡村摘掉了贫困的帽子,走向了富裕的生活。2021年,中国政府正式对外宣布,脱贫攻坚取得了巨大成效,乡村实现了全面脱贫。这在中国历史上是绝无仅有的成就,放眼全世界来看,也是难能可贵的巨大进步,受到世界的广泛赞誉。从乡村文化建设的视角来看,乡村振兴为乡村文化建设提供了坚实的基石和广阔的天地,我们可以借此夯实乡村文化基础设施建设,提升乡村文化科技水平,在乡村建设更多新型文化形态,从而使乡村文化比以往更具活力、更为人们所接纳。事实上,我们也欣喜地看到,越来越多的乡村新建了文化礼堂、文明实践站、乡村图书馆、文化广场等富含时代气息、功能全面的文化场所,同时一大批研学基地、青少年宫、综合性文化场馆等新形态文化设施陆续出现在乡村,为乡村文化生产提供了实践场所,为丰富乡村文化生活提供了舞台,为乡村村民提供了丰富的精神养料。

一、变革下的乡村文化建设

尽管我们看到基层政府与乡村干部正在极力恢复优秀传统文化,不遗余力地为优秀传统乡村文化建设贡献自身力量,但不可否认,乡村文化中的优秀传统文化元素在发展中正逐渐弱化,许多具有中华文化内涵的文化习俗已经在一些乡村流失殆尽。传统乡村文化的流失逐步瓦解了稳固乡村社会结构的基础,乡村本地紧密的生活联系在社会日益多元化下逐步被打开,开始显露出一些松散化、低连接状态,人们的关系日渐疏远,乡土社会也日趋城镇化。与此同时,乡村文旅的发展以及乡村文化消费的兴起,让传统乡村文化的发展出现了商业化趋向,越来越多的乡村加入文旅发展大潮,引进大量奇异且不和谐的潮流文化元素、现代文化元素与西方文化元素,出现了文化逐利现象,使淳朴的乡村文化显露出价值滑坡疲态。这引起了学界广泛的关注,焦急的呼声一直刊登在各大报刊中,也引发了对乡村文化建设的各种讨论。在防止优秀传统乡村文化流失的各种建议中,有两点最值得大家认可:一是主体性,它强调发挥乡村的主体能动性,彰显乡村文化的主体地位,让优秀乡村文化能够得到充分传承与弘扬,它关注乡村村民的文化诉求,强调提升村民的文化生产能力,让乡村村民的主体能动性得到最大程度的发挥;二是公共性,它强调保障乡村文化供给的充足、公平与公正,它是维持乡村文化消费的基础,其作用是让每一个乡村村民都拥有共同的机会来获取乡村文化,同时,尽可能让乡村文化得到广泛的传播,让乡村文化真正成为大众的精神消费品。值得肯定的是,受社会变革的影响,乡村文化建设者的范畴早已在现实的乡村文化建设中显现出了一些新变化,一些社会力量尤其是当下新型农民与新农人的出现打破原有的格局,将众多的利益相关者重新组织在一起,极大地增加了乡村文化建设群体的数量。同时,乡村文化建设的日益综合化、商业化趋势使乡村文化建设与传统的做法截然不同,甚至对建设内容的认知也发生了根本性的转变。因此,有必要重新认真思考一下乡村文化建设的各个环节与对象以及相应的管理机制。

乡村文化建设的主体性与公共性是乡村文化建设必须发挥出的应有特性,也是众多学者研判与期待改革的关键。从利益相关者视域来看,乡村文化建设存在着多个利益相关者,其间包含着复杂的利益关系,他们共同构成了乡村文化建设的利益共同体。乡村文化建设应统筹好这些利益相关者,积极打造乡村公共文化空间,在新时期建设好乡村文化,推动乡村文化振兴,以文化赋能乡村建设。其中,作为把关者与引领者,政府既可以统筹资源,以资金、制度、政策以及资源供给实现乡村文化建设的均等化,消除城乡之间的文化鸿沟,也可以利用县级融媒体中心引导乡村文化发展,鼓励乡村文化为乡村振兴赋能。作为生产的个体、团体与新农人,在参与乡村文化建设中,同样发挥着巨大的作用,为乡村文化建设贡献了不少力量。乡村文化建设应平衡好价值理性与工具理性,实施自主治理,借助集体自治实现乡村文化建设的健康发展。我们应推动这些不同职业的乡村文化参与者抛弃传统利益分配方式,尤其是早期那种各自为政的自我协调模式,积极推动整体性统筹建设,在乡村文化建设者之间形成一个彼此互信的乡村文化建设共同体。

如果仔细对比乡村文化建设中当下的做法与传统的做法,我们就会重新思考乡村文化建设的主攻阵地。传统文化传承所依赖的仪式、故事、传说、歌曲、活动已日益成为表演者的专属作品,而非农民日常的文化活动。生产方式的变革与信息交流手段的革新减少了田间地头上文化交流的频次,青年精英的大量外流同样使家庭式的文化传承变得日益困难。换句话来说,文化生产的对象、文化生成的方式、文化交流的场景与表达的语境都与以往相差甚大,需要重新审视乡村文化建设的思路。广大农村积极开展的新农村建设让乡村面貌焕然一新,这给乡村文化建设提供了新理念与新思路。从空间生产的视域来思考乡村文化的建设,把握住乡村文化建设的整体性、场域性与社会性,能够契合当前社会发展的变革趋势,具有一定的科学性。

空间的生产关联着空间的消费。列斐伏尔仅从空间的生产来看待推动社会前进的内在动力,阐释其本质是社会关系的再生产,是缺乏消费视野下的空间生成与消费。乡村文旅的发展推动着乡村公共文化空间的生产,极大地改变着乡村公共文化空间。我们不能否认,乡村公共文化空间在丰富乡村文化生活的同时,也在为获取商业利益而努力,而且会带动整个文化空间朝此方向转变。这种逐利的趋向会引导乡村公共文化空间放弃原本的价值追求,成为商业的俘虏。当然,我们不能否认商业化运作为乡村公共文化空间带来活力,赋予乡村公共文化空间发展所需资源。因此,我们要防止过度的商业化,要防止乡村出现文化冲突,要统筹好城乡文化,平衡好建设者的参与权益与分配权利,让乡村文化与外部优秀文化共生共荣。

解决上述文化发展矛盾的有效举措是建立一套高效的互动机制来平衡好乡村文化建设的公共性与商业性、主体性与私营性之间的关系。我们可以借助对应的研究,为其提供科学且合乎现实的机制。如果将商业追求看作一种工具与手段,将价值追求看作文化生产的最终目的的话,乡村文化空间的发展从一开始就应该趋向一种追求二者均衡的发展模式。事实上,工具理性与价值理性本身就是统一的。当下乡村文化发展的突出问题是工理性占据优势,而价值理性被忽视了,人们只关心乡村文化建设带来商业利益,忽视了应有的文化传承职能。因此,我们应仔细衡量工具理性与价值理性二者在乡村文化建设中的作用,要围绕乡村文化建设是否服务于乡村村民文化需求的目的来重新审视乡村文化建设。要摒弃唯商业化的做法,注重乡村文化思想价值的引领,让乡村文化建设回归价值理性,成为主流思想生产与传播的根据地。

积极的引导同样能发挥出巨大的作用。基层媒体作为政府传播体系的基础层面可以在乡村文化建设中发挥出巨大的引领作用,它能显著增强乡村文化的供给,维护乡村文化的公共性。2018年提出的建设好县级融媒体中心的设想是政府鼓励基层媒体发挥引领作用的重要举措。事实表明,其后的县级融媒体中心的确在新时期发挥出了关键性的引领作用,极大地丰富了乡村文化建设,为乡村文化建设提供了新媒体样板与发声的契机。但从发展历程来看,我国的县级融媒体中心仍处于自身发展的初级阶段,面临着媒体公司、传媒集团的巨大挑战,甚至一些自媒体也在乡村发力,成为县级融媒体中心的竞争对象与合作伙伴。作为新的基层媒体,服务乡村文化建设是县级融媒体中心的职责所在,也是贯彻党中央对媒体格局谋划的重要举措。因此,我们应不断强化县级融媒体中心服务乡村的能力,特别是服务乡村利用媒体、使用媒体的能力,推动县级融媒体中心成为乡村文化生产与传播的核心节点与乡村触媒的触发点。

长期以来,个体作为一个坚定的乡村文化建设者是被忽视的对象。毫无疑问的是,无论作为乡村本地村民的个体还是作为外部文化工作者的个体,都在默默地承担着乡村文化建设,在代际交替中发挥着作用,在外部贡献着自己的力量。一些积极且有社会责任感的团体同样在为乡村文化建设而努力。他们为乡村文化建设提供资金与智力支持,甚至独立承担着某些类似文献整理、文物修复等基础性工作。从现有的乡村文化建设来看,个体与团体在文化建设中的权益诉求上偏弱,因此被剥夺了一些在文化建设活动中理应享受但没有享受的待遇,以至于乡村文化建设出现了积极性不高、工作不愿开展的局面。这种依靠情感联系的乡村文化建设者应被纳入政府统筹的考虑之中,而不是任由其自我发展。值得我们关注的新型职业农民,以及新农人的出现打破原有主体的局限,他们是时代发展的产物,也是乡村在新时代孕育出的新职业。其中,文化类的新农人为乡村文化建设提供了新的建设思路和前沿性的理念与技术支持。我们应积极鼓励新农人从事乡村文化建设,为新农人提供力所能及的支持。同时,要加强新型农民的培育,利用新农村职业教育培养大批的新农人,为乡村文化建设提供引导者、建设者、支援者。

乡村文化建设的治理方式同样迫切需要改变。正如前面所言,当下乡村文化的三种供给模式,即政府普惠式的供给模式、个体与团体的奉献模式、资本下乡的文化产业模式都值得我们去反思,其背后的管理方式同样应予以重新对待。尤其是当下,乡村出现了一种项目导向式文化建设模式,与传统的文化生产方式大相径庭,需要新的管理方式来引导与调控。在国家提倡的三治(德治、法治、自治)中,深化自治可以成为我们面临新情况的一种新的选择。这种依赖新的利益相关者组成的新型集体自治,其出发点是基于当前的文化建设行动,属于一种新的集体行动。这种新型集体行动是在新时代社会变革中产生的,有其现实依据、实践依据与价值依据。这种集体自治是在价值引导下开展的自主治理,是以乡村文化建设为导向的,以满足乡村文化需求为目的的自我管理行为。无论从成本、实践还是理论来看,这种新型自治都是新时期乡村文化建设的必然行为,我们应予以认真对待。

二、未来发展的期望

乡村文化建设是一项持续行动,主体性与公共性更是永不变更的话题。尽管当前探讨了乡村文化建设的主体性与公共性,可能在将来的某一天,前面所论述的观点与看法又会变得比较陈旧,需要重新去思考,寻找新的着眼点,构建新的理论与方法来阐释,尤其是当下农业的新型集体化趋势愈发明显,工业化、智能化、网络化的持续嵌入附加滋生了许多新的生产方式,会直接影响乡村文化建设行动。但在有些地方,我们还是可以坚信应有所作为,并值得期待去持续行动。

首先,对乡村文化的繁荣无比坚定。乡村文化一直被誉为中华文化的根与魂。从对乡村建设运动坚持不渝的梁漱溟到阐释文化自觉的费孝通,都将乡村文化作为中华文化的根性文化来看,认为乡村文化是中华文化的底色,是中华文化的精髓所在。因此,从这一点来看,乡村文化与乡土社会的发展息息相关,与建成中华文化强国息息相关。乡村文化的繁荣是乡村社会发展的必然结果,乡村的振兴必然会带来乡村文化的繁荣。尽管当前有大量的外来文化进入乡村,但优秀的传统文化并不会彻底消失,也不会丧失主体地位,其会在新语境下找到新的生存方式,并以新的姿态重新引领乡村社会的发展。

其次,对城乡文化的融合持乐观态度。当前,中国社会正处于快速城镇化阶段,先后涌现出了许多大城市、工业园区、特色小镇。在中国城镇化道路中,乡村为城镇的壮大提供了大量的人力资源,也推动着城市文化在城镇化进程中得以滋生、拓展与扩张。城市文化拥有先进的科技文化、精美的园林文化、复杂的产业文化以及科学的文化治理经验,这些都是整个社会发展累积的宝贵财富与经验,必然会对发展乡村文化有巨大的帮助。只要统筹好、平衡好、协调好,城镇的发展必然会带动乡村的发展,城市文化也会反哺乡村文化,为乡村文化建设提供支持。

最后,中西方文化值得互鉴。西方文化与中华文化一样,都是人类智慧的结晶,是我们共同的精神财富。中华优秀传统文化蕴含的人生哲理值得向全世界推广,而西方文化中包含的理性精神以及科学观念同样值得我们去借鉴、吸收。只有真正做到中西方文化互鉴,才能以世界的眼光和水准来发展自己的文化,才能让自身的文化在世界上大放异彩。乡村文化作为中华文化的内核,在走向世界的同时,同样需要借鉴西方的优秀文化元素来丰富自己。

总之,乡村文化建设是我国走向文化强国的关键。只有引导社会各界力量加入乡村文化建设,才能切实推动乡村文化振兴,才能真正以文化为乡村振兴赋能,才能实现共同富裕。

后 记

在这里，先感谢为此书出版默默奉献的人。

一转眼两年多了，书稿是完成了，很轻薄的一本，但心里是沉甸甸的，毕竟是第一本著作。坦白来讲，总感觉字数偏少，乡村是真正的宝藏，这本书还有太多的东西没有触及。因此，一直在犹豫要不要扩容一下，但又怕废话连篇，遮蔽了原有的精要。于是，在重读了一遍埃莉诺·奥斯特罗姆的书后，心里宽慰了许多，想了想，还是维持原样吧。

写完后发给了编辑，一直惴惴不安，也不敢过问，生怕哪里出现差错。因此，出版的事一拖再拖。后来忍不住还是问了，不久就收到了样稿。拿到样稿，翻翻还是挺激动的。

翻完了，冷静下来了，就觉得还有很多事情没有去做。

当下，乡村正在经历前所未有的蜕变，不仅乡村风貌发生了翻天覆地的变化，而且生产方式、生活方式也让人时时刮目相看，人们对乡村的看法与态度同样在发生转变，都需要我们去观察、去体会、去感受乡村的一切。要理解乡村，不仅需要渊博的知识，还需要用心去体会乡村这个社会单元，领会到人与自然和谐共生的精妙，才有可能触及其内核。或许这个想法同样有点天真，但它让我觉得还有很远很远的路要走。

这本书对乡村研究者而言，可能只有只言片语可用，但我也深感欣慰。我希望越来越多的人加入这个队伍，把我们的根守住，把美丽的乡村留住。

当然,我们也看到,越来越多的追求田园生活的年轻人走进乡村,在乡村定居下来,一点一点去改造乡村,乡村也因此充满了活力,展现出勃勃生机。

它必然是美好的。

另外,感谢研究生张玉,在我撰写第五章时提供了帮助。

殷克涛

2024-8-20